신유사역과
지식의 말씀의 은사

하늘목장

1판 1쇄 인쇄.	2011. 4. 15
2판 1쇄 인쇄.	2021. 8. 10
2판 2쇄 인쇄.	2023. 1. 16
발행처.	도서출판하늘목장
발행인.	양재철
등록번호.	제 19-36호
등록일자.	1991. 4. 15

서울시 노원구 노해로 81길 22-26
저작권자 2023 양재철

이 책의 저작권은 저자에게 있습니다.
저자와 출판사의 허락 없이 내용의 일부를 인용하거나
발췌하는 것을 금합니다.

COPYRIGHT 2023 by Yang Jae Chul
All rights reserved including the rights of
reproduction in whole or in part in any form.
Printed in Korea.

값은 표지에 있습니다.
ISBN 979-11-89381-06-6 03230

좋은 독자가 좋은 책을 만듭니다.

하늘목장에서는 독자 여러분의 의견에
항상 귀 기울이고 있습니다.

kjc8961@hanmail.net

신유사역과
지식의 말씀의 은사

하늘목장

들어가는 말

　　20세기 초에 시작된 오순절 성령운동은 세계적으로 일어나고 있는 부흥운동으로 계속 확산 중이다. 21세기에 들어서 있는 현시점에도 오순절 성령운동과 은사 운동은 세계 곳곳에서 급속히 확산하고 있다. 오순절 운동은 오순절 성령강림의 역사로 시작된 초대 교회의 신앙을 오늘날에 재현시키고자 하는 성령운동으로 초대 교회의 생명력과 메시지를 오늘날 다시 회복시키려는 회복주의 운동이다. 오순절 운동은 성령으로 돌아가자는 운동이며, 말씀과 성경적 체험을 중시하며, 성령의 은사를 소중히 여기는 교회갱신 운동이다. 성령운동은 특별히 성령세례와 은사를 강조한다.

　　은사주의 학자인 로드만(Rodman Williams)은 '성령의 은사와 오늘날의 역할'이라는 주제 논문에서 카리스마적 · 영적 갱신으로써 대변되듯이 초대 교회의 역동론은 그 원초적 능력의 신선한 폭발을 의미하는 은사들과 더불어 우리 시대에 다시 출현하고 있다고 말한다. 그리고 초대 교회의 성령의 은사와 활동은 우리 시대에도 일어나고 있는 교회 생활에 중요한 것이라고 강조한다. 왜냐하면, 성령의 은사들의 재현은 신선한 능력과 생명력을 가지고, 21세기에 나타나는 교회의 영적 근원과 출현의 교회 회복을 알리는 신호이기 때문이다. 그는 하나님께서 교회에 주신 은사인 *'신령한 것'*(고전 12:1)을 *'세 가지 기본 범주'*로 분류하여, 그 중 역동적이며, 드러나는 성령의 은사(고전 12:1~11)인 영적 은사(Pneumatic or spiritual charismata)만이 성령의 은사로 말해지고 있고, 성령세례는 이것을 체험하는 기초가 된다고 말한다.

그는 베드로의 오순절 날 설교(행 2:38, 39)를 근거로 성령세례에 대한 약속이 실제로 하나님께서 부르시는 모든 자에게 주어졌으며, 바로 이 오순절 체험(행 2:39)이 성령의 은사를 온전히 활용하는 데 있어 기초가 된다는 것을 지적한다. 그리고 이 성령의 은사들은 성령의 임재와 능력을 받아들이는 도구들을 통해서 나타나는 성령의 즉각적인 자기표현이라고 말한다.

사도 바울은 고린도전서를 통해서 성령의 은사는 여러 가지인데, 이 성령의 은사를 하나님의 뜻 가운데 각각 사람들에게 나누어 주어, 교회 공동체의 덕과 구성원들의 유익을 위해서 서로 섬기고 봉사해야 한다고 말하고 있다. 특히 사도 바울은 하나님께서 교회 공동체에 성령의 은사를 주신 목적은 교회 공동체의 덕과 유익을 위한 것이라고 말한다.

성령의 은사는 한 성령으로 세례를 받아 그리스도의 한 몸이 된 교회에 덕을 세우기 위하여 부여하신 선물들이다(고전 12:7~10). 은사라는 말은 신약성경의 헬라어 '카리스마'(χαρίσμα)를 번역한 것이다. 고린도전서 12장에서는 은사에 대하여 몇 가지 본질을 말하고 있다. 1절의 신령한 것들('프뉴마티카', πνευματικων), 4절의 은혜의 선물들('카리스마타', χαρίσματα), 5절의 직임('디아코니아이', διακονιων), 6절의 역사('에네르게마타', ενεργηματων), 7절의 성령의 나타남('파네로시스', φανερωσις)이 그것이다.

위에 열거한 여러 의미를 정리하면, 은사란 성령의 주권적 뜻에서 비롯되는 것이며, 한 몸이 된 지체에게 섬김과 봉사의 활동에 필요한 수행 능력을 부여하시는 하나님의 선물로서 하나님의 은혜와 능력의 표현이라는 것을 알 수 있다. 따라서 이 은사는 성령을 떠나서는 독립적으로 존재할 수 없으며, 그 누구도 개인적 전유물로 소유할 수 있는 것이 아니다.

하나님께서는 성령의 역사로 교회라는 공동체를 세우시고, 이 교회 공동체를 통해서 하나님의 선한 일을 계획하시고, 그 일을 성취하신다. 또한, 하나님께서는 주님을 구주로 고백하는 자들의 모임인 교회 공동체에 속한 모든 자에게 성령의 은사를 주셔서 하나님의 사역과 선한 일을 성취해 나가시는 것이다. 그런데 하나님으로부터 성령의 은사를 받은 교회 공동체의 일원들이 하나님께서 주신 은사를 올바르게 인식하지 못하고, 그 은사를 사용하지 못하는 것을 볼 수 있다. 이로 인해 교회 안에 있는 공동체 구성원의 은사가 사장되고, 하나님 나라의 사역에 효과적으로 활용되지 못하는 결과를 가져오게 된다. 하나님께서 우리에게 주신 값진 선물인 은사의 가치를 올바로 인식하지 못하고, 제대로 활용하지 못한다면 개인의 신앙에 도움이 되지 않을 뿐만 아니라 교회의 사역에도 손실이 될 것이다.

또한, 성령의 은사에 대한 잘못된 이해는 은사 사용을 마치 신비주의처럼 잘못 인식하여 기피하게 만드는 현상으로도 나타나게 된다. 은사 사용은 신비주의자들이나 하는 것처럼 무시하거나 하찮게 여기는 경우가 나타나게 되는 것이다. 그리고 자신이 받은 성령의 은사를 깨닫지 못하고, 받은 은사를 사장시키는 경우들로 인해 교회 공동체의 사역이 활성화되지 못하고 쇠퇴하게 되는 것을 볼 수 있다. 하나님께서는 교회 공동체에 속한 자들에게 성령의 은사를 주신 목적과 이유가 있다. 그것을 발견해 하나님께서 성령의 역사로 만드신 교회를 유익하게 하고, 교회 공동체의 일원을 섬기고 봉사하는 일을 해야 한다.

하나님이 주신 은사를 발견하여 개발하고, 계속 활용하려는 자세가 무엇보다 중요한 것이다. 은사의 활용은 개인의 신앙에 유익이 되며, 교회 성장에도 기여하므로 오늘날에도 강조되어야 한다. 오늘날의 그리스도인은 은사를 올바로 인식하여, 자신의 은사를 발견하고, 활용하여 개인의 신앙에 유익뿐만 아니라 주님의 몸 된 교회에 덕을 세우고, 하나님의 나라를 효과적으로 확장하는데 기여해야 한다.

일부 보수주의 신학의 영향을 받은 은사 중단론에 대한 논쟁에 상관없이 우리는 지금도 성령의 은사를 접할 수 있고, 활용할 수 있다. 나아가 참된 덕을 세우기 위해서는 먼저 영적인 은사들은 사랑 안에서 행해져야 함이 강조되어야 한다. "형제들아 신령한 것에 대하여는 내가 너희의 알지 못하기를 원치 아니하노니(고전 12:1)"라는 말씀은 성령세례에 수반되는 은사들에 관한 당위성을 부각시키고 있다. 지금도 성령의 은사는 믿는 자들에게 주어지고 있고, 활용되고 있음을 올바로 인식하는 것이 매우 중요하다.

성령의 은사에 대한 올바른 인식과 이해는 은사 사역의 열매를 풍성히 맺게 하는 데 많은 기여를 하게 될 것이다. 앞으로 한국 교회가 어떤 미래 사역의 방향을 선택할 것인가에 더욱 관심이 쏠리는 시기이다. 미래의 교회사역의 모습 중의 하나는 은사목회가 되어야 한다. 미래의 목회는 여전히 은사목회가 되어야 하고, 교회는 은사 공동체가 되어야 할 것이다. 교회가 은사 공동체가 되면, 성령 안에서 하나님의 강력하고 놀라운 기적의 활동 무대로 변화되며, 하나님의 살아계심과 역사를 체험하게 될 때, 교회는 폭발적 성장을 할 수 있다.

영적인 은사는 그리스도의 몸을 세우는데 매우 귀중한 가치를 지니기 때문에 열심히 사모하고 간구해야 한다. 성령의 은사를 사모하라는 바울의 명령에 따라 교회는 열심을 내어 모든 은사를 강렬하게 사모해야 할 것이다. 은사의 활용을 통해 그리스도의 몸은 충분히 기능을 발휘하고, 많은 필요들이 채워지고, 공동체 전체가 세워지게 된다.

각 지체가 성령께서 주신 자신의 역할을 제대로 실행해 줄 때, 교회는 정상적으로 기능을 발휘하고, 믿음과 사역 속에서 굳건하게 세워지게 될 것이다.

오래전부터 한국 교회에 대두되는 문제점 중의 하나는 은사에 대한 부정적인 인식과 신학적으로 잘못된 은사 사용의 모습이 나타난다는 것이다. 이것은 전통적 보수 교회의 일반 성도들은 물론, 신학생들과 목회자들에게조차 만연한 것으로서 성서적, 역사적, 그리고 신학적으로 은사에 대한 올바른 인식과 이해의 부족 때문이라고 생각된다. 그러므로 성경적, 역사적, 그리고 신학적으로 올바른 은사 사용에 대한 인식과 이해를 통해 은사 사역을 더욱 발전시키고, 활성화시키는 것이 절실히 필요한 시대이다. 특히 신유사역과 관련하여 나타나는 지식의 말씀의 은사에 대해서는 일반 성도와 신학생들뿐만 아니라 목회자들조차도 충분한 이해와 인식이 부족한 것이 현실이다.

은사 가운데 신유의 은사와 사역에 대한 관심은 1900년대 초에 시작한 오순절 성령운동과 더불어 최근에는 제3의 물결 운동의 확산과 함께 전 세계적으로 퍼져 나가 성도들과 교회들을 변화시키고 있다. 이처럼 신유은사와 사역에 대한 급속한 확산과 교회와 성도들의 변화에 발맞추어 신유사역에 나타나는 지식의 말씀의 은사에 대해서도 관심을 기울일 필요성이 대두되고 있다. 신유사역에 나타나는 지식의 말씀의 은사에 대한 올바른 의미와 함께 성경적이고 신학적인 체계를 세우고, 실천적인 이론적 근거를 정립할 필요성이 절실히 요구되는 시대이다.

따라서 필자는 은사 중에 특별히 신유사역에 나타나는 지식의 말씀의 은사에 대한 성경적, 신학적, 실천적 근거와 이해를 중점적으로 제시해 보고자 한다.

본서에서는 성령의 여러 은사들과 함께 대표적인 은사로 분류되는 고린도전서 12장의 9가지 성령의 은사를 중점적으로 논의하고자 한다. 지식의 말씀의 은사는 신유사역에 활발하게 나타나고 있기 때문에 특별히 지식의 말씀의 은사의 특성을 신유사역과 연관시켜 고찰해 보아야 한다. 신유사역에 자주 나타나는 지식의 말씀의 은사를 집중적으로 고찰하여 신유사역에 효과적으로 활용될 수 있도록 이론적 근거와 실천적 방향을 제시하여 보고자 한다.

본서의 「신유사역에 나타나는 지식의 말씀의 은사」에 관한 내용은 현재까지 국내는 물론 국외에서도 거의 출간된 적이 없는 것으로 필자가 처음으로 시도하여 제시하는 것으로 생각된다. 신유사역에 동참하고 있는 오순절 교회의 한 목회자로서 개척자의 정신과 성령의 은사의 활성화를 통해 하나님 나라의 사역이 더욱 풍성해지기를 바라는 마음으로, 이 책을 출간하게 되었다. 필자는 이 책을 통해 많은 사람들이 지식의 말씀의 은사에 대한 올바른 관점을 갖게 되고, 신유사역뿐만 아니라 여러 사역과 신앙의 현장에서 지식의 말씀의 은사를 충분히 활용하여 신앙의 덕을 세우게 되고, 하나님 나라의 사역이 더욱 활발해 지고, 더욱 풍성해지기를 바라는 마음이다.

특별히 본서는 신유사역에 활발히 나타나고 있지만, 소수의 신유 사역자들만이 공유하고 있는 지식의 말씀의 은사에 대한 올바른 이론 정립을 시도하여, 많은 사람들이 사역의 현장에서 지식의 말씀의 은사를 충분히 활용하여 신유사역과 은사사역이 활성화 되기를 기대한다.

본서를 통해 많은 그리스도인이 특별히 신유사역과 지식의 말씀의 은사와의 관련성을 분명하게 인식하여 신유사역에 나타나는 지식의 말씀의 은사에 대한 올바르고 명확한 이해를 갖기를 바란다. 그리고 그것을 자신의 사역과 신앙의 현장에서 활발하게 활용하여, 미래의 신유은사 사역에 지혜롭게 활용하며, 교회의 은사 사역이 더욱 활성화되어, 자신의 신앙과 교회에 덕을 세우며, 하나님 나라의 신속한 확장에 효과적으로 기여하기를 간절히 기원해 본다.

2023년 1월

저자 양재철

목차

I. 은사의 성경적 배경

1. 구약 ········· 17

2. 신약 ········· 24

   A. 은사의 용어 이해 ········· 24

      1) '카리스마' (Charisma 고전 12:4) ········· 25

      2) '프뉴마티카' (Pneumatica, 고전 12:1) ········· 27

      3) '도마타' (Domata, 엡 4:8) ········· 27

      4) '디아코니아이' (Diakoniai, 고전 12:5) ········· 28

      5) '에네르게마타' (Energemata, 고전 12:6) ········· 28

      6) '파네로시스' (Phanerosis, 고전 12:7) ········· 29

   B. 신약에 나타난 은사 ········· 30

II. 은사의 이해

1. 은사의 개념과 목적 ·· 37
   A. 은사의 개념 ·· 37
   B. 은사의 목적 ·· 42

2. 은사의 종류 ··· 43
   A. 사역을 위한 은사 (롬 12:3~8) ··· 48
      1) 예언의 은사 (The Gift of Prophecy) (6절) ······························ 48
      2) 섬김의 은사 (The Gift of Service) (7절) ·································· 50
      3) 가르침의 은사 (The Gift of Teaching) (7절) ·························· 51
      4) 권면의 은사 (The Gift of Encouragement) (8절) ················· 51
      5) 구제의 은사 (The Gift of Giving) (8절) ··································· 53
      6) 다스림의 은사 (The Gift of Governments) (8절) ················· 53
      7) 긍휼 베품의 은사 (The Gift of Mercy) (8절) ·························· 54

   B. 초자연적 영적 은사 (고전 12:8~10) ··· 56
      1) 지혜의 말씀 (Word of Wisdom) ··· 56
      2) 지식의 말씀 (Word of Knowledge) ······································· 60
      3) 특별한 믿음 (Special Faith) ··· 64
      4) 신유의 은사들 (Gifts of Healing) ·· 68
      5) 능력 행함 (Operation of Miracles) ·· 72
      6) 예언의 은사 (Gift of Prophecy) ·· 75
      7) 영들 분별함 (Discerning of Spirits) ······································· 79
      8) 각종 방언을 말함 (Kinds of Tongues) ··································· 82
      9) 방언 통역 (Interpretation of Tongues) ································ 87

C. 섬김의 직책자의 은사 (엡 4:11) ———————————— 90
   1) 사도직 (The Apostle) ———————————————— 91
   2) 선지자 (Prophet) ————————————————— 92
   3) 복음 전도자 (Evangelist) ——————————————— 93
   4) 목사 (Pastor) ————————————————— 94
   5) 교사 (Teacher) ————————————————— 95

D. 그 외의 은사들 ——————————————————— 97
   1) 선교사의 은사 (Missionary, 행 13:1~3) ————————— 97
   2) 장로 (감독, 다스리는 은사, 딤전 3:1~13; 딛 1:5~9) ———— 98
   3) 집사 (딤전 3:8) ———————————————— 98
   4) 재정의 은사 (Giving, 구제의 은사, 롬 12:8) ——————— 99
   5) 협력의 은사 (Helps, 서로 돕는 은사, 고전 12:28) ————— 100
   6) 행정의 은사 (Adminstration, 고전 12:28) ——————— 101
   7) 전도의 은사 (Evangelism, 엡 4:11) ————————— 102
   8) 친절과 접대 (Hospitality, 환대 또는 손님 접대, 벧전 4:9) — 103
   9) 독신의 은사 (Singlehood, 고전 7:6~9, 25~40) ————— 103
   10) 중보기도의 은사 (Intercession, 딤전 2:1~2) ————— 104
   11) 장인의 은사 (Craftsmanship, 출 31:3~5) ——————— 104
   12) 창의적 전달의 은사 (Creative Communication, 시 150:3~5) — 105
   13) 귀신 쫓는 은사 (Exorcism, Deliverance, 행 16:16~18) — 105

3. 은사의 올바른 이해와 활용 ——————————————— 106
A. 은사의 올바른 이해 ——————————————— 106
   1) 은사는 하나님의 선물이다 ———————————— 106
   2) 은사는 성령께서 그 뜻대로 주관하신다 ——————— 107

    3) 은사는 다양하다 *110*

    4) 은사의 목적을 분명히 인식해야 한다 *111*

  B. 은사의 올바른 활용 *113*

    1) 교회에 덕을 세우는 은사 *113*

    2) 은사를 통한 사역 *117*

  C. 은사 사역을 통한 교회 성장 *120*

III. 신유사역과 지식의 말씀의 은사

1. 지식의 말씀의 은사 *129*

  A. 개념과 이해 *129*

  B. 성경의 예들 *138*

2. 신유사역에 나타나는 지식의 말씀의 은사 *148*

3. 지식의 말씀의 은사가 나타나는 방식 *163*

  A. 지식의 말씀의 은사가 내적 음성(Inner Voice)을 통해 나타난다 *163*

  B. 지식의 말씀의 은사가 환상(Visional)을 통해 나타난다 *166*

  C. 신체의 체험(Experiential)을 통해 나타난다 *168*

  D. 지식의 말씀의 은사가 음성(Vocal)을 통해 나타난다 *174*

  E. 위의 네 가지가 한꺼번에 복합되어서 나타난다 *176*

4. 결언

15

Ⅰ. 은사의 성경적 배경

　본 장에서는 현재에도 활발히 일어나고 있는 성령의 은사를 이해하기 위해 은사의 성경적 배경을 살펴보고자 한다. 먼저 구약에 나타난 성령의 은사와 신약에 나타난 성령의 은사를 고찰해 보고, 성경의 위대한 인물들이 소유했던 은사들은 무엇이었는지를 간략히 소개해 보고자 한다. 먼저 구약에 나타난 성령의 은사에 대해 살펴보자.

1. 구약

　구약성경에 나타나는 성령의 은사는 하나님의 능력의 현현(명백하게 나타남)이다. 이런 의미에서 성령의 은사를 나타내는 특별한 구약의 단어는 없다. 구약시대에는 성령의 은사가 신약시대처럼 믿는 사람 모두에게 임하지는 않았다. 이 시대에는 성령이 특별한 때에

특별한 소수에게만 역사하셨다.[1]

소수의 사람들에게 한정되어 임하신 구약시대의 성령은 하나님의 언약의 백성으로 불리는 모든 백성에게 내주하는 것으로 말하지 않는다. 특별히 지도자들과 예언자들 그리고 한정된 일부의 사람들에게 나타난 구약의 은사는 일반적으로 봉사를 위한 능력이었고, 지혜와 특별한 기술과 육체적인 힘을 주는 것과 관련되어 있으며, 지도력과 예언 그리고 능력 행함과 같은 은사들이 표현되고 있다.[2]

구약성경에서 성령의 은사가 나타난 유형은 다음과 같다. 첫째, 믿음의 은사를 받은 아브라함에게 나타났다. 믿음의 은사는 하나님께서 주신 능력으로 하나님께서 자기의 목적을 반드시 이룰 것이라고 신뢰하고, 흔들림 없는 확신을 가지고, 하나님의 약속을 실천에 옮기는 은사이다. 이 은사를 가진 사람들은 하나님의 약속을 확신할 뿐 아니라, 다른 사람들도 그런 확신을 가지도록 영감을 준다. 그들은 하나님의 약속을 전적으로 믿으며, 장애물들을 극복하시는 하나님을 확신한다. 그들은 다른 사람들이 주저할 때에 하나님을 믿는 믿음으로 복음 사역의 발전을 위해 선도적 역할을 한다. 아브라함은 믿음의 모델이다.

아브라함은 이런 믿음을 가졌을 뿐만 아니라, 오는 세대에 아브라함의 믿음으로 수많은 사람들을 격려하고, 하나님의 일을 성취하게 했다. 자신의 외아들 이삭을 모리아 산에서 제물로 삼아 제사 드리라는 하나님의 명령을 받고도, *"하나님이 능히 죽은 자 가운데서 살리실 줄로 생각하여"*(히 11:17~19) 주저하지 않고, 이삭을 데리고 모리아산으로 올라갔다. 그의 믿음은 지금도 수많은 성도들을 격려하고, 하나님의 말씀에 순종하여 여호와 이레의 하나님을 만나게 해 준다. 그 믿음이 어떻게 아브라함에게 왔을까? 그 믿음은 하나님께서 아브라함에게 선물로 준 하나님의 은사이다.[3] 단번에 주신 은사가 아니라, 아브라함의 삶의 전 과정에서 경험한 하나님의 도우심을 통하여 단계적으로 발전된 은사이다.

아브라함이 갈대아 우르를 떠나 하나님께서 약속하신 땅으로 떠날 수 있었던 믿음은 하나님이 그에게 와서 말씀을 주셨기 때문이다. 하나님의 말씀을 받은 자는 하나님의 말씀에 순종할 수밖에 없는 것이다. 순종이 먼저가 아니라, 하나님이 만나 주시고 말씀하셨기 때문에 아브라함이 순종할 수 있었던 것이다. 애굽에서 아내를 빼앗겼을 때에 하나님이 간섭하여 아내를 되찾게 해준 경험, 자주 계시 가운데 나타나 말씀해 주심, 하갈의 문제로 위기에 처했을 때 하나님의 도와주심 등 아브라함의 전 생애는 하나님의 도우심과 말씀으로 가득하다.

특히 아브라함이 99세 때에 하나님이 아브라함과 사라에게 아들을 약속했으나 그들은 믿을 수 없었다(창 17:15~19, 18:9~15). 그러나 하나님은 약속하신 대로 아들을 낳게 하신다. 이삭은 아브라함과 사라가 하나님을 확신했기 때문에 낳은 아들이 아니라, 하나님께서 약속하셨기 때문에 주신 아들이다. 아브라함의 아내 사라는 하나님의 말씀을 믿지 못하여 웃어 버렸고, 아브라함도 믿지 못했지만, 하나님께서 아들을 주셨을 때, 하나님을 확신하는 믿음은 완성되었다. 이제 아브라함은 전적으로 하나님을 믿는 하나님의 종이 된 것이다.

요약하면, 아브라함의 믿음은 단번에 받은 것이 아니라, 삶의 경험 속에서 하나님의 도우심과 말씀과 만나주시는 은혜로 인해 단계적으로 발전된 것이다. 그러므로 아브라함의 믿음은 하나님께서 주신 은사이다. 아브라함의 믿음은 하나님께서 주신 은사로서 우리가 아브라함의 믿음으로 격려받는 것은 하나님께서 그런 믿음을 우리에게도 주실 수 있기 때문이다.

둘째, 선지자나 제사장들을 통하여 신유의 은사가 나타났다. 아브라함은 아비멜렉과 그의 아내, 그리고 여종의 수태를 위해서 하나님께 기도한다. 이 기도로 인해 하나님은 그들을 생산케 하셨다(창 20:17). 광야시대에 모세를 원망하던 미리암이 문둥병이 걸려 7일간 격리되어 고생하고 있을 때, 모세의 기도로 미리암은 치유되었다(민 12:9~16). 이스라엘 회중이 광야에서 원망할 때에, 백성 중에는 염병이 시작되었다. 그때, 아론이 기도함으로 염병이 그쳤다(민 16:41~50). 이스라엘 백성이 하나님과 모세를 원망하게 될 때, 그들은 불뱀에 물려 죽게 되고, 병이 들어 고통을 당하게 되었다. 그때 모세가 기도하매, 놋뱀을 쳐다 본 사람은 다 치유되는 일이 있었다(민 21:6~9). 엘리야에게 편의를 제공하던 여인의 아들이 죽게 되었다. 엘리야는 죽은 아이를 그의 어머니 품에서 취하여 안고, 다락방에 가서 기도함으로 그 아이는 다시 살아났다. 죽은 자를 위해 기도했는데, 살아난 것이다(왕상 17:17~24). 히스기야는 죽을병으로 얼마 살지 못하게 되었다. 그러나 기도함으로 병을 고쳤고, 15년의 생명을 연장 받았다(왕하 20:1~11).

셋째, 모세의 경우 이스라엘의 광야 40년 노정에 탁월한 지도력의 은사가 나타났다. 지도력의 은사는 하나님의 목적을 조화 있게 성취할 수 있도록 사람들에게 비전을 제시하고, 동기를 부여하고, 지도하는 능력이다. 이 은사를 가진 사람들은 하나님의 일의 방향 제시, 동기 부여, 가치 확신 등을 통하여 하나님이 계획하신 일을 성취하게 일한다. 모세는 이스라엘 장정 60만 명에게 분명한 가나안의 목표를 보여주고, 그들에게 가나안 땅으로 가야만 한다는 동기를 부여했으며, 그들에게 가나안 땅의 의미와 뜻을 알게 해주었다. 또한, 여러 가지 역경 가운데에서도 그것을 극복하고, 이스라엘 백성들을 40년 동안 인도하였다. 모세는 지도력의 은사를 가진 하나님의 종이었다. 모세에게 병을 고치고, 기적을 행하고, 중보기도를 하고, 예언하는 등 다양한 은사들이 있었지만, 이 모든 은사는 모세의 지도력의 은사를 보조하는 은사들이다. 모세는 근본적으로 이스라엘을 인도하기 위하여 부름을 받은 자요, 이를 위한 주 은사는 곧 지도력의 은사였다.[4)]

모세가 백성들의 불평으로 인해 곤경에 처해 있을 때, 하나님은 그의 지도력을 백성 중에서 뽑아 세운 70인의 장로들에게 부여함으로써 짐을 나누어지도록 하신다. 하나님은 모세에게 지도력의 은사를 주셔서 이스라엘 백성을 지도하시며 가나안으로 인도하도록 하신 것이다. 모세는 이 은사를 기이한 탄생, 애굽에서의 양육과 교육, 40년간의 광야 유랑생활, 호렙산에서의 놀라운 소명, 자기의 형 아론의 도움, 하나님과의 끊임없는 교제를 통하여 받는다. 모세에게 있어서 지도력의 은사는 그의 탄생과 성장, 교육, 하나님과의 만남 등의 과정을 통하여 차츰 발전되며 형성된 것이다. 하나님은 모세에게 이 은사를 주시고 발전시키기 위하여 오랫동안의 계획과 과정을 사용하셨다. 하나님은 이 은사를 수행하기 위하여 필요한 여러 가지 다른 보조 은사들도 함께 주셨음을 알 수 있다.

넷째, 이스라엘의 지도자들에게 은사가 나타났다. 하나님은 요셉에게 성령의 지혜의 은사를 주셨다. 창세기 41장 33절에 "명철하고 지혜있는 사람을 택하여 애굽 땅을 다스리게"하려고 한 것들과 관련하여, 하나님의 성령이 요셉에게 이스라엘 백성의 유익을 위해 은사를 부어 주셨다. 모세의 후계자인 여호수아는 신명기 34장 9절에 "지혜의 영이 충만하니"라고 언급되었듯이 지혜의 은사가 있었다. 사무엘상 9장 17절에서 선지자 사무엘에게는 "지식의 말씀"의 은사가 주어졌다.

다섯째, 사사기에서의 성령의 은사는 특별하다. 사사기 3장 10절에는 옷니엘이 하나님의 신에 감동받아 능력 행함의 은사로 사사가 되었고, 사사기 6장 34절에서는 기드온에게는 여호와의 신이 임하였음을 말한다. 옷니엘의 경우 "여호와의 신이 그에게 임하셨다"는 히브리적 표현은 그를 사사로 부르기 전에 이미 성령이 임한 사람이었는데 다시 어떤 특별한 능력을 부여해 주신 것을 보여준다. 옷니엘은 지혜의 은사를 받아 자신의 과업을 수행할 지혜를 받았다. 여기에서 사용된 단어는 강림하셨다는 단어 '라바쉬'(לבש, labash)로서 '옷을 입다'(was clothed with)는 뜻으로 '살아계신 하나님의 영이 임했다'라는 의미이다. 기드온의 경우 미디안과 아말렉을 무찌르기 위해 성령의 능력이 임하였는데, "여호와의 신이 기드온에게 강림하시니"로 표현되었다. 기드온은 성령으로 옷 입은 후, 담대함의 은사로 두려움이 사라지고, 나약함이 사라졌다. 삼손은 경건한 나실인으로 태어났으나 올바른 삶을 살 때는 "힘"의 은사가 나타났지만, 타락한 생활을 했을 때는 "힘"의 은사가 사라졌다. 즉 그가 잘 할때는 은사가 나타났지만, 그가 나실인의 삶을 올바로 살지 못할 때는 그것이 실패하는 은사로 나타난 것이다.

여섯째, 장인들 가운데 은사가 나타났다. 출애굽기 35장 30~35절에 하나님께서는 브사렐과 오홀리압을 택하여 은사를 주셔서 지혜와 총명과 지식과 여러 가지 재주로 공교한 일을 연구하여, 금과 은과 놋으로 만들게 하며, 보석을 깎아 물리며 나무에 새겨서 여러 가지 일을 하게 하셨다.

일곱째, 선지자들에게 예언의 은사가 나타났다. 선지자 가운데는 하나님의 영에 의해 대부분 은사가 나타났다. 역대하 24:20에는 스가랴가 하나님의 영에 감동되어 왕을 책망하는 메시지를 전하였고, 민수기 22:5에서는 이방 점쟁이인 발람이 여호와의 뜻을 알아내는 예언자가 되었다. 민수기 24:2~3에서는 발람의 입에 말씀('따바르', דָּבָר, a message)을 주셨다. 열왕기하 2:9~15에서 엘리사는 예언적 영감이 일생의 소명이었고, 은사의 영인 엘리야의 영을 갑절로 원했다. 열왕기하 2:14에서는 엘리사가 영감을 갑절이나 받아, 엘리야의 겉옷으로 요단 강물을 갈랐다. 엘리야와 엘리사는 기적과 치유와 능력 행함의 은사를 나타내었다. 그 외에 예언의 은사는 이사야, 호세아, 요엘, 아모스, 나훔, 하박국, 스바냐, 학개, 말라기 등에 나타났다.

여덟째, 왕들 가운데 은사가 나타났다. 이스라엘 백성들이 왕을 원했을 때, 하나님은 사울을 준비시키고 성령을 주셨다. 사무엘상 10장 6~10절에 왕의 자격을 갖추게 해 주시려고, 사울에게 예언의 은사가 나타나게 하였다. 이스라엘의 초대 왕인 사울에게 삼손의 경우처럼 그가 하나님께 불순종할 때, 은사가 사라지는 결과가 나타났다. 이처럼 성령의 은사는 믿음과 순종이 요구됨을 알 수 있다. 사무엘상 16:12~13의 "여호와의 영에게 크게 감동 되니라"에서 다윗에게도 기름 부음의 결과로서 은사가 나타났다.

　이상의 결과로 볼 때, 구약성경에서의 은사는 하나님과 백성 사이에서 각종 임무를 수행하기 위해 소수의 무리들에게 주셨던 하나님의 주권적인 선물임을 알 수 있다. 그리고 구약성경에 있어서 은사를 받은 후, 삼손과 사울같이 은사를 빼앗겨 버린 경우도 나타난다(삿 16:28; 삼상 10:10, 15:23). 구약시대에 나타난 성령의 은사의 특징은 성령의 내주하심이 소수에게 나타나는 일시적인 경우가 많다는 것이며, 이것은 신약의 성령의 은사와 비교가 된다.

2. 신약

A. 은사의 용어 이해

　신약에서의 은사는 헬라어 '카리스'(χαρίς)에서 유래된 것으로 인간의 노력에 의한 것이 아닌, 하나님이 자신의 영광을 위해서 특정한 사람을 사용하셔서 특정한 일을 하게 하시는 성령의 사역인 것임을 알 수 있다. 로마서 6장 23절은 "*죄의 삯은 사망이요, 하나님의 은사(χαρισμα, 카리스마)는 그리스도 예수 우리 주 안에 있는 영생이니라*"는 사실을 말한다. 신약성경에서 성령의 은사를 가리키는 구절 중의 하나는 고린도전서 12장 1절이다. "*형제들아 신령한 것(성령의 은사)에 대하여는 너희가 알지 못하기를 원하지 아니하노니.*"[5] 이 단어의 뜻은 하나님의 선물로 주어진 구속이나 구원을 의미하고(롬 5:16; 6:23)[6], 또한 그리스도인으로 하여금 교회에서 특별한 사역을 수행할 수 있게 하는 특별한 은사를 의미한다(고전 12:28).[7] 구원과 성령의 은사는 다 같은 하나님의 선물이지만, 전자는 하나님의 백성을 만드는 것이요, 후자는 하나님의 백성을 그의 도구로 즉 일꾼으로 만드는 것이다. 이런 의미에서 성령의 은사는 "그리스도인의 삶의 은혜"라고 표현할 수 있다.[8] 그러므로 은사를 지닌 사람은 그 은사를 교회의 덕을 세우는데 사용해야 한다. 은사의 활용은 은사를 자신이 직접 경험하거나, 자신이 성령의 도구가 되어 은사를 행사한 경우를 말한다. 은사는 하나님의 뜻에 따라 표현될 때 아름답게 되며, 그리스도의 몸의 지체가 성장하고 발전하기 위하여 중요하다. 신약에서 사용된 은사에 대한 용어는 '카리스마', '프뉴마티카', '도마타', '디아코니아이', '에네르게마타'와 '파네로시스' 등이 있다. 그 용어의 뜻을 하나씩 살펴보도록 하자.

1) '카리스마'($\chi\alpha\rho\iota\sigma\mu\alpha$, Charisma 고전 12:4)

일반적으로 은사에 대해 사용하는 단어는 '카리스마'(χαρίσμα)인데, 이것의 복수형은 '카리스마타'(χαρίσματα)로 '은혜의 선물들'(χαρίσματα)이란 뜻을 가지고 있다.[9] '카리스'(χαρίς, 은혜)에 '~$\mu\alpha$'(마) 접미사가 붙으면 그 단어는 결과를 나타내는 뜻을 가지며, 뒤에 '카리스마'(χαρίσμα)에 '~$\tau\alpha$'(타)가 붙으면 복수 형태로서 은혜의 선물들, 즉 행동의 결과를 뜻한다. '카리스마'(χαρίσμα)라고 하는 단어는 하나님의 은혜를 의미하는 '카리스'(χαρίς)라는 말에서 왔기 때문에 '카리스마'(χαρίσμα)는 성령의 선물이요, 은혜의 선물인 은혜의 결과로 주어진 것을 말한다.[10]

'카리스마'(χαρίσμα)는 은혜(Grace)를 의미하는 헬라어 '카리스'(χαρίς)에서 유래된 것으로 영적인 은사(Spiritual gift)를 지칭하는 단어이므로 이는 인간의 공로나 노력에 의한 것이 아닌, 하나님께 기원을 둔 것임을 알 수 있다. 이 단어는 베드로전서 4장 10절에 1회 나타나는 것을 제외하고는 바울 서신에만 17회 사용되었으며,[11] 이 단어의 의미는 '수여하다'(bestow), '은혜의 선물'(a gift of Grace), '자연스럽고 친절한 선물'(Natural and Kind gifts)로 사용된다.[12] 이 단어는 특별히 영적인 사람들(Spiritual Persons)을 나타내는 말이기도 하며, 성령의 충만함을 입은 사람들을 가리키는 말로도 사용되었다. 그러므로 이 단어는 오직 하나님께 의해서만 얻어질 수 있고, 교회의 덕을 세우기 위하여 주시는 것임을 알 수 있다.

은사는 그리스도의 몸을 위한 봉사와 교회의 성숙을 위해 신자들에게 성령님이 주권적으로, 넘치도록 부어주시는 특별한 천부적인 재능과 능력이다. 이러한 정의에 관한 몇 가지 사실은 은사의 원천은 성령 하나님이시고, 은사는 영적인 재능, 능력, 천부적인 소질이고, 은사의 목적은 그리스도의 몸을 위한 봉사의 사역을 위한 것이다. 하나님의 은사는 그리스도의 몸을 위한 봉사를 위하여 성령님이 부어주시는 능력이므로 은사 활용은 개인의 명예나 유익을 위해서가 아니라 교회 전체의 유익을 위해서 사용해야 한다. 성경에서 은사의 근원은 글자 그대로 성령을 의미하지만, 영적인 은사에 대한 일반적인 말씀은 성령의 은사를 의미한다.[13] '카리스마'는 특수한 자질이나 능력을 말한다.[14]

은사란 '거저 주시는 선물'(free gift)을 의미하는데, 우리말 성경에는 '은사' 또는 '선물'로 번역되어 있다. 신약성경에서는 하나님의 은혜로, 하나님의 영으로, 하나님의 주권으로, 승천하신 그리스도를 통해 나타난 성령이 그 은사의 중심을 이루고 있다.[15]

2) '프뉴마티카'(πνευματικά, Pneumatica, 고전 12:1)

바울은 은사의 본질을 이해하도록 하기 위해 성령의 은사의 성격이 '신령한 것'이기 때문에 "형제들아 신령한 것에 대하여"(고전 12:1)라는 말을 사용했다.[16] 영적 은사로 불리는 영적 현상에 대해 '신령한 것들' 혹은 '영에 속한 것들'로 구분하고 있다. 이 용어는 '영에 속한 것', '영의 본질적 속성'을 표현하며, 영적인 사람이나 영적인 일들을 가리킨다. 이는 은사의 영적인 속성을 강조하고, 은사는 성령께서 주시는 신령한 선물임을 보여준다. 신령한 영역에서 특별히 역사하시는 분은 성령이시기 때문에 그 결과로 주어진 은사를 설명한다. 은사의 근원과 관련하여 설명함으로써 영적인 것이 성령의 사역임을 보여주고 있다. 하지만 영적인 것이 성령 그 자체를 의미하는 것이 아니라, 성령에 의해 주어지는 영적인 나타남을 가리킨다(고전 12:1~22).

3) '도마타'(δόματα, Domata, 엡 4:8)

이 단어는 에베소서 4장 8절, 11절~12절에 나타나 있으며, 선물이라는 말로 번역되어 있으며, 희랍어에서 은사를 가리키는 더 일반적인 단어이다. 단수형은 '도마'(δόμα, doma)이며, 교회를 세우기 위해 승천하신 그리스도께서 주시는 여러 가지 사역을 위한 은사이다.[17] 이 말은 예수를 통하여 구원을 받으며, 구원받은 무리는 하나님의 교회에 모여 다양한 활동을 전개해 나갈 때, 또한 하나님을 향하여 일하도록 당부할 때 사용된 말이다.[18] 구약에서 이 단어의 의미와 같은 말이 있는데, 시편 68편 18절에 전쟁에서 승리하여 정복자가 된 왕이 정복한 나라의 백성에게 선물로 보상금 등을 요구하는 것이다. 그러나 신약에서는 예수 그리스도께서 죄와 사탄을 정복하고 나서, 교회와 복음을 위하여 선물을 주시는 분으로 묘사할 때,

이 단어를 사용하고 있다. 이런 관점에서 볼 때, '도마타'는 '카리스마'라는 단어와 함께 하나님의 은혜와 밀접하게 연관되어 사용됨을 알 수 있다.

4) '디아코니아이'(διακονίαι, Diakoniai, 고전 12:5)

이 단어는 보통 '사역들'(ministries)로 번역하고 있는데, 이것은 신약성경에서 집사의 직무나 일을 기술하기 위해 쓰여진 말이며, 교회 안에서 봉사할 때에 쓰여진 말로 적절한 표현으로 여겨진다. 은사의 기원과 근본을 생각해 볼 때, 그것은 '사역'인 것이다. 은사란 자기 자신의 목적이나 유익을 위해 주어진 것이 아니라, 봉사하고 섬기기 위해 주어진 것임을 나타낸다. 그리스도 안에서 영적 은사를 행하는 사람은 그리스도의 몸을 섬기는 것이다. 영적 은사와 영적 직무가 다양한 만큼 사역도 다양하게 나타난다. 은사는 성령께서 그리스도의 몸을 섬기도록 우리를 도와주시기 위해 우리에게 선물을 부여하신 것이다. 그러므로 은사의 가치는 그리스도의 몸에 영적인 유익과 덕을 세우도록 섬기는 능력에서 드러나는 것이다.

5) '에네르게마타'(ἐνεργήματα, Energemata, 고전 12:6)

'신령한 것'은 성령에 의해 '역사되는' 은사이며, 사역이라는 면에서 볼 때, '역사'인 것이다. 이 말은 무엇을 움직이게 하는 하나님의 능력, 즉 에너지를 의미한다. '역사'에 대한 헬라어는 '능동적인 원칙' 또는 '영향'을 의미하는 '에네르게마타'(ἐνεργήματα)인데, 영적 은사는 영적인 결과를 가져오는 성령의 활동임을 보여준다. 이 단어에서 영어 '에너지'(energy)라는 단어가 생겼다. 이것은 본질적으로 활동적이고, 역동적인 단어로서 어떤 사람을 통해 흐르는 신적인 에너지를 암시한다. 그러므로 대부분의 은사들은 정적이고, 영구적 소유물이 아니라, 필요할 때마다 하나님의 현재적인 활동의 표현으로 주어진다. 은사는 개인의 자연적 능력이 아니라, 성령께서 불어 넣으신 능력의 표현이다. 은사는 성령에 의해서 능력을 얻어 그리스도의 몸 안에 어떤 결과를 산출해 내는 역사인 것이다.

6) '파네로시스'(φανέρωσις, Phanerosis, 고전 12:7)

이 말은 '보이게 하다', '명백하게 되다'라는 뜻을 가지고 있다. 성령의 은사가 발휘될수록 성령께서 분명하게 나타나시는 것이다. 은사란 성령의 나타남인데, 이 은사들이 행해질 때 하나님의 본성이 전에는 무지와 혼란이 있던 곳에 명백하게 드러난다는 뜻이다. 이것은 눈에 보이도록 또는 분명히 알게 한다는 뜻이다. '신령한 것'의 모든 역사는 성령의 나타나심에 있다. 현시는 '외적인 증거'로 정의된다. 성령께서는 그리스도의 몸 안에 '외적인 증거'로서 영적은사를 부여하신다. 은사의 나타남은 하나님의 임재를 인식하게 한다. 은사의 활용은 은사 받은 자를 통해 성령께서 전적으로 나타나신 결과인 것이다.

위와 같이 은사와 관련한 단어들을 살펴볼 때, 우리는 은사가 하나님의 은혜와 무관한 채로 나타난 경우가 없다는 것을 알 수 있다. 성령의 은사는 하나님의 사역과 그리스도인의 직임을 효과적이고 능력있게 수행하기 위한 권능의 수단이요, 도구인 것이다. 또한, 은사에 대한 단어를 통해 알 수 있듯이 은사는 항상 좋은 것, 선한 것과 관련이 있으며, 동시에 하나님의 사람에 대한 은혜 베푸심의 증거라고 할 수 있다. 은사와 봉사와 소명은 서로 상호 관계에 있는 것으로 봉사와 관련된다. 모든 은사는 성령을 통하여 부여되는 하나님의 은총과 능력의 표현인 것이다. 이 은사는 하나님의 사역을 위한 모든 일, 곧 교회를 섬기는 사역을 풍성하게 하고, 몸 된 교회의 지체로써 서로 간에 믿음의 섬김을 온전케 하려는데 있기 때문에, 신자는 각각의 은사를 선한 청지기 같이 서로를 섬기는데 사용해야 한다(벧전 4:10). 이 선물로 주어진 은사들은 하나님에 의하여, 성령에 의하여, 높임 받으신 주님에 의하여 수여된 실재들인 것이다.[19]

B. 신약에 나타난 은사

신약의 은사는 개별적인 은혜이기도 하지만, 다른 한편으로는 그리스도인에 나타난 하나님의 은혜 전체가 곧 은사로 이해된다. 따라서 하나님의 은사는 그리스도 예수 우리 주 안에 있는 은혜 전체를 다 포괄한다. 이 은혜는 하나님의 일을 위한 모든 일, 곧 모든 구변과 지식에 풍족하게 하고, 믿음의 증거로 신앙을 견고케 하는 일을 하게 한다(고전 1:5~7). 또한, 하나님께서 은사를 주심은 서로 믿음으로 섬김을 온전케 하려 하심이고, "각각 은사를 받은 대로 하나님의 여러 가지 은혜를 맡은 선한 청지기 같이 서로 봉사하게" 하도록 하고자 하는 목적이 있다(벧전 4:10).

신약성경에서는 교회에 관하여 언급할 때, 성령의 사역에 기인한 통일성과 다양성을 대조시킨다. 교회가 하나인 이유는 한 성령이 모든 성도들 안에 내주하시기 때문이며, 교회의 다양성은 한 성령이 모든 성도들에게 여러 가지 은사를 주시기 때문이다. 교회는 은혜(χαρίς, 카리스)로 통일성을 갖게 되며, 은사(χαρίσματα, 카리스마) 때문에 그 다양성을 가지게 되는 것이다. 신약성경에는 성령의 은사에 대해 여러 곳에 나타나 있다. 복음서에는 예수 그리스도의 생애 및 사역에서 성령의 은사가 나타나고 있다. 예수의 공생애 사역에 많은 은사가 나타났다. 하워드 어빈(Howard Ervin)은 이러한 은사를 개인에게 임하는 은사로 보지 않고, 실제로 성령의 능력으로 인한 영적인 것의 나타남으로 설명한다. 그러나 대부분의 학자들은 이것을 개인에게 임하는 성령의 은사로 말하고 있다.[20]

대표적으로 나타난 것은 치유, 축귀, 능력 행함과, 예언의 은사이다. 예수님은 백부장의 하인을 고치시고(마 8:5~13), 베드로의 장모를 고치시고(마 8:14~15), 귀신을 쫓아 내셨다. 또한 풍랑을 잠잠케 하신 능력을 행하셨고(눅 8:2225), 베드로가 세 번 부인할 것을 미리 예언하신(요 13:38) 예언의 은사가 나타났다. 예수님은 자신의 사역을 통하여 은사를 활용하셨을 뿐만 아니라, 제자들을 훈련시켜 보내셨다. 예수는 자신이 귀신을 쫓아내고, 병자를 고치는 것을 많은 사건을 통하여 제자들에게 보여주신 후에, 제자들을 둘씩 보내시며, 제자들에게 귀신을 내어 쫓는 권능을 주시는 것을 잊지 않으셨다(눅 10:17). 뿐만 아니라 70명의 제자들을 전도여행 보내실 때에도 병을 고치고, 귀신을 쫓아내는 능력을 주시면서 보내시며 사역을 감당하게 하셨다(눅 10:19). 예수께서 제자들에게 성령의 은사를 주시며 사역을 감당하게 하신 것을 알 수 있다. 예수의 보내심을 받고 전도여행을 떠났던 제자들은 각각 돌아와서 성령의 은사를 활용한 결과, 많은 병자가 낫고, 귀신이 쫓겨나갔다는 보고를 하였던 것이다.

또한 사도행전에도 많은 은사가 나타나고 있다. 예수님은 하늘로 승천하시기 직전에 제자들에게 "예루살렘을 떠나지 말고, 성령을 받으라"(행 1:4~5)고 당부하셨다. 성령을 받으면 능력을 덧입게 되는

데, 이때 성령의 은사가 나타나서 하나님의 나라의 확장에 크게 쓰임 받을 것을 이미 약속하신 것이다. 예수님의 약속을 받은 제자들은 예루살렘을 떠나지 않고, 기도하다가 성령의 세례를 받았고, 이때 나타난 은사는 '방언'이었다.[21]

성령의 세례를 받은 제자들은 자신들의 역량과 능력을 넘어서는 일들을 행하게 되었다. 제자들이 복음전파 사역을 하기 위하여 가는 곳마다 성령의 은사가 나타났던 것이다. 구약성경과는 다르게 성령의 은사가 모든 믿는 자에게 주어졌다. 선지자 요엘의 예언이 성취된 것이다. 사도행전은 성령행전이라고 불리울 정도로 성령의 은사가 직접 나타난 현장을 그대로 기록하고 있다. 오순절 마가의 다락방에서 성령의 능력을 받은 베드로는 말씀을 증거하여 3천 명이나 회개시키는 놀라운 기적을 일으켰다. 비록 성경에 베드로가 어떤 은사를 활용했는지 나타나지는 않지만, 베드로의 믿음의 은사가 이렇게 엄청난 일을 한 것이 아닌가 생각된다.[22]

사도행전 3장에서 베드로와 요한은 40년이 넘도록 병들어 고생하던 사람을 치유의 은사를 활용하여 고쳤다. 이뿐 아니라, 사도들은 당시 종교 지도자들이 금했던 일들을 과감하게 행할 수 있었고, 대제사장과 바리새인들 앞에서 담대하게 예수의 이름을 증거 할 수 있었다. 이러한 모든 사도들의 행적은 성령의 능력을 덧입고, 성령의 은사를 활용함으로 가능했던 것이다. 사도행전은 '성령 행전'이라는 별칭이 붙을 정도로 성령의 역사를 통한 성령의 은사가 활발하게 나타나는 책이라고 볼 수 있다. 초대 교회에 성령의 은사는 모든 믿는 자에게 주어졌고, 여러 가지 은사가 나타나며 주어진 사역을 감당하였다. 사도행전에는 성령의 은사로 인해 교회가 든든히 세워지고, 성령의 위로로 믿는 자의 수가 더해 가는 역사가 나타났던 것이다. 성령의 은사는 '하나님의 사랑 안에서 예수 그리스도의 은혜로 성령에 의해서 주어진 선물'이다. 이처럼 은사는 그리스도의 지체에게 섬김을 위한 특별한 재능의 거룩한 증여인 것이다. 즉 성령께서 성도들에게 선물로 주시는 은총, 거저 주시는 어떤 능력이나 원동력을 의미하는 것이다. 실제로 하나님은 성경의 인물들에게 은사를 주셨고, 사역을 수행하게 하셨다. 성경의 인물들은 어떠한 은사를 가지고 하나님을 섬겼는가? 성경의 인물들은 모두 하나님의 특별한 계획 아래 조성되었다. 하나님은 그들에게 독특한 능력들을 주셨고, 그들의 성장과정의 모든 경험들 속에서 역사하셨다. 그리고 하나님은 그들이 하나님의 사역을 수행하는 과정에서 독특한 능력을 부여해 주셨으므로 성경의 인물들은 하나님의 은사로 봉사하였다는 것을 알 수 있다. 그들은 하나님께 받은 독특한 사명과 능력을 가지고, 각기 독특한 하나님의 계획을 성취해 나갔던 것이다.

성경의 인물들이 태어나면서 가지고 나온 천부적인 모든 재능과 외모, 성격과 능력들은 넓은 의미에서 하나님의 은사요, 그들이 성장과정에서 경험한 모든 학식, 신앙, 체험 등도 하나님의 은사요, 그들이 하나님의 일을 수행하는 과정에서 경험한 모든 능력들도 하나님의 은사이다. 이것은 넓은 의미의 하나님의 은사라 할 수 있다. 그리고 하나님께서 믿는 자에게 주시는 초자연적인 성령의 은사도 받아야 하며 이 초자연적 은사들이 좁은 의미의 은사라고 설명할 수 있다. 이것이 오순절 교단에서 강조하는 초자연적 성령의 은사라고 말할 수 있는 것들이다. 하지만 자연적, 초자연적 은사들은 하나님의 사명과 사역을 수행하고 완수하는 데에서 하나로 통합되어 사용되고 있다.

성경의 인물들은 하나님께서 그들에게 주신 독특한 은사를 사용하여 하나님의 사역을 수행하였다. 각자에게 주신 독특한 사명을 부여받은 성경의 인물들은 하나님의 은사로 봉사하며, 하나님의 사역을 능력있게 감당하였다. 하나님께서는 우리에게 여러 가지 은사를 주셔서 하나님의 일을 하게 하시지만, 그 은사들은 단번에 주어진 초자연적 은사도 있으며, 탄생과 성장, 재능과 경험들의 맥락에서 자연적 은사들도 각자에게 주셔서 그것을 발전시켜 하나님을 섬기게 하신 것을 알 수 있다. 오늘날의 우리도 하나님의 계획을 성취해 나가기 위해, 하나님께서 주신 사명 감당을 위해 여러 가지 은사를 간구해야 한다. 그리고 우리가 받은 독특한 사명을 능력있게 감당할 수 있도록 각기 독특한 은사를 발견하고, 개발하고, 발전시켜야 한다. 우리가 은사를 발견하고, 그것을 발전시켜 사용할 때에, 하나님께서 우리에게 맡기신 사명들을 능력있게 완수할 수가 있고, 풍성한 사역의 결실을 맺을 수가 있다. 우리는 먼저 하나님께서 우리에게 주신 하나님의 은사를 발견해야 한다.

또한 자연적 은사뿐만 아니라, 초자연적 은사도 하나님의 사역을 위해 믿는 자들에게 주신다는 것도 인식할 필요가 있다. 우리가 하나님께서 주신 은사를 발견하여 개발시키고 활용하여 교회를 섬길 때, 하나님의 나라를 굳건히 세우며, 하나님께 영광 돌리는 사역을 행하며 하나님을 기쁘시게 하는 삶을 살아갈 수 있을 것이다.

II. 은사의 이해

앞에서 성령의 은사에 대한 성경적 배경을 살펴보았다. 본 장에서는 성령의 은사에 대한 개념과 목적, 은사의 종류, 은사의 유익과 함께 거기에 수반되어 나타나는 문제들, 그리고 은사의 오해와 올바른 이해에 대해 고찰해 보고자 한다.

1. 은사의 개념과 목적

A. 은사의 개념

성령의 은사는 성령의 은혜의 선물로서 성령께서 그리스도인 각자에게 분배해 주신 사역의 기능이며, 교회의 덕을 세우며, 섬김의 목적을 수행하는 수단으로 하나님께서 그리스도 안에서 성령을 통하여 주신 은혜의 선물이다. 영적 은사의 근원에는 그리스도의 주권이 있다. 비록 은사가 영적이라 하더라도 성령의 활동이기 때문에 그것들은 모두 높임 받으신 주 예수께로부터 말미암는 것이다. 영적 은사들이 실재가 되는 것은 인정받고 높임 받으신 그리스도의 주권을 통해서이다. 성령의 은사들은 주님께서 주시는 선물로서 믿는 자를 통해 주님의 사역을 실행하는 수단인 것이다. 성령의 은사들(the gifts of the Spirit)과 성령의 은사(the gift of Spirit)는 구별하지 않으면 안 된다(gift라는 단수형과 gifts라는 복수형에 주의하라). 전자는 특별한 목적을 위하여 성령에 부여된 초자연적 능력을 말하고, 후자는 승천하신 그리스도께서 신자들에게 주신 것을 가리킨다(행 2:33).

바울은 세 가지 면에서 성령의 은사들에 대하여 언급하였다. 즉, 첫째로 성령의 은사는 '카리스마타'(χαρίσματα, charismata)인데 이는 성령이 주신 여러 가지 은사를 가리킨다(고전 12:4, 7). 둘째로 성령의 역사는 '디아코니아이'(διακονίαι, diakoniai)인데, 이는 한 분이신 주님을 섬기기 위하여 주어진 여러 가지 직임을 가리킨다. 셋째로 성령의 은사는 '에네르게마타'(ἐνεργήματα, energemata)인데, 이는 모든 사람들 가운데서 역사하시는 한 분 하나님의 능력을 가리킨다. 이와 같은 성령의 여러 면을 가리켜 '성령의 나타나심'(the manifestation)이라고 하는데 이는 모든 사람에게 유익을 주기 위함이다.

성령은 '선물'로 불리며(행 2:38; 10:45; 11:17), 사도행전 8장 20절에는 구체적으로 '하나님의 선물'로 불린다. 그런데 이 용어들('도레아', '도론', '도마')은 신약에서 성령을 받은 사람들의 다양한 능력이나 활동들을 언급하기 위해 사용된 것은 아니다. 신약에서 '선물들'(Gifts)은 일상적으로 희생제물(마 5:23, 24; 눅 21:1; 히 5:1) 혹은 어떤 종류의 물질적 선물이었다(마 2:11; 막 7:11; 눅 11:13). 단수로 사용된 '선물'(Gift)은 좀 더 심오한 의미에서 구원, 의, 영생, 혹은 예수 그리스도 자신을 가리킨다(롬 5:15~17; 엡 2:8; 히 6:4; 약 1:17). 오직 에베소서 4장 8절에서만 '선물들'(δόματα, 도마타)은 교회의 사역들과 관련되어 나타난다. 여기서 '도마타'는 사역을 행하기 위해 하나님께로부터 주어진 능력이 아니라, 사역을 행하는 사람들을 가리킨다. 즉, 사도, 선지자, 복음 전하는 자, 목사와 교사를 가리킨다.

오늘날 오순절주의자들이 자주 '성령의 은사들'로 부르는 신약의 표현들로는 '신령한 것'(πνευματικά, 프뉴마티카), '은혜들' 혹은 '은사들'(χαρίσματα, 카리스마타)과 '현시' 혹은 '나타남'(φανέρωσις, 파네로시스)이 있다. 유사한 현상을 언급하는 다른 용어로는 '역사'(ἐνεργήματα, 에네르게마타)와 '직임들'(διακονίαι, 디아코니아이)이 있다. 이 모든 용어들은 성령의 나타남의 다양성을 보여주고 있다. 성령의 나타남은 아주 다양하다. 성령은 당신의 나타나심을 통해 당신의 뜻대로 다양하게 은사를 나누어 주시는 것이다.

바울은 '성령의 은사들'을 언급하면서 은사의 다양성과 함께 통일성을 강조한다. "은사는 여러 가지나 성령은 같고, 직임은 여러 가지나 주는 같으며, 또 사역은 여러 가지나 모든 것을 모든 사람 가운데서 이루시는 하나님은 같다"(고전 12:4~6)고 바울은 말씀하고 있다. 은사가 아무리 다양하고 또 직임이나 역사가 다양하다고 해도 성령은 같고, 주 예수도 같고, 모든 사람 가운데 역사하시는 하나님은 같다는 것이다. 거기에는 다양성이 있지만 동시에 통일성도 있음을 보여준다. 그러므로 다양한 은사로 인한 신자들의 분열, 분리, 파당 등은 지양되어야 함을 경고하고 있다. 하나님의 뜻은 다양한 은사 가운데 여러 지체가 하나가 되게 하는 것이다. 은사의 다양성과 함께 통일성을 주목해야 한다. 오순절주의자들은 여러 곳에 기록된 성령의 은사 중에서 특별히 고린도전서 12장 8~10절에 언급된 9가지 은사를 대표적 은사로 보고 강조한다. 이 9가지 은사는 학자들에 따라 여러 가지로 분류된다. 계시의 은사(지혜, 지식, 영분별), 능력의 은사(믿음, 능력 행함, 신유)와 구변의 은사(예언, 방언, 방언 통역)로 구분하기도 한다. 또한, 초자연적 인식능력의 은사(지혜, 지식, 영분별), 초자연적 행위의 은사(믿음, 능력 행함, 신유)와 초자연적 언변의 은사(예언, 방언, 방언 통역)로 나누기도 한다. 오순절주의에서 강조하는 이 "성령의 은사들"(고전 12장)은 인간의 한계를 뛰어넘는 하나님이 주시는 초자연적 영적 은사들로서 관심을 집중시키고 있는 은사들이다.

바울은 로마서 12장 6~8절에서 초자연적 영적은사와는 구별되는 섬김의 은사에 대해 언급한다. "우리에게 주신 은혜대로 받은 은사가 각각 다르니 혹 예언이면 믿음의 분수대로, 혹 섬기는 일이면 섬기는 일로, 혹 가르치는 자면 가르치는 일로, 혹 위로하는 자면 위로하는 일로, 구제하는 자는 성실함으로, 다스리는 자는 부지런함으로, 긍휼을 베푸는 자는 즐거움으로 할 것이니라"(롬 12: 6~8)라고 로마의 교인들에게 권면했다. 바울은 섬김, 가르침, 권위, 구제, 다스림, 긍휼 베푸는 것을 언급하며, 그것들을 은혜를 따라 나누어 주신 은사로서 분류하며, 섬김을 위한 은사로 사용할 것을 말씀하고 있다.

또한 에베소서 4장 11절에는 섬김의 직책을 맡은 사람들을 언급하고 있다. "그가 어떤 사람은 사도로, 어떤 사람은 선지자로, 어떤 사람은 복음 전하는 자로, 어떤 사람은 목사와 교사로 삼으셨으니" 여기에서 바울은 '도마타'(δόματα, 선물들)를 교회의 사역들과 연관시켜 말씀하고 있다. '도마타'는 어떤 사건이나 기능이나 봉사의 사역 자체를 의미하지 않고, 직책을 맡은 사람을 가리키고 있다. 즉 섬김의 직책을 소지한 사람들인 사도, 선지자, 복음 전하는 자, 목사와 교사를 언급한다. 성령의 은사들은 성도들의 몸 안에서 사역을 하기 위함이라는 것을 보여준다. 우리는 성령의 은사를 사모하라(고전 14:1)는 성경의 말씀대로 성령의 은사를 간절히 사모하며, 열심을 내어 간구해야 한다. 은사들의 다양성과 통일성을 통해 그리스도의 몸은 건강하게 기능을 하며, 많은 지체의 필요가 채워지며, 공동체 전체가 굳건히 세워진다. 우리는 성령의 은사들이 회복된 이 늦은 비 시대인 21세기에 교회의 몸을 세우고, 세계를 신속하게 복음화 시키기 위해 더욱 열심히 성령의 은사를 사모하며, 간구해야 하며, 그리스도의 몸의 유익을 위해 적극적으로 활용해야 할 것이다.

성령은 하나님이시며, 삼위일체 하나님의 제3위이시다. 성령은 성부와 성자의 보내심을 받아 이 세상에 오셨다. 성령은 성부의 예정과 성자의 구속하신 자들을 구원받게 하시고, 그 완성을 위하여 역사하신다. 성령을 떠나서는 영적인 은사란 있을 수 없고, 성령의 사역을 떠나서는 영적으로 유익한 은사도 없다. 은사는 모든 그리스도인이 그리스도의 몸이라는 조직 안에서 봉사하도록 능력을 부여받은 성령에 의해서 인정된 하나의 특별한 자격이라고 할 수 있기 때문이다. 또 성령의 은사는 "신자의 봉사와 교회를 세우기 위한 도구로서 성령에 의해서 그리스도인에게 부여된 특별한 능력"이라고 할 수 있다. 이러한 은사와 성령과의 관계성의 근원은 성령의 특별한 은혜이고, 본질은 영적인 능력이나 재능이나 힘이다. 왜냐하면 은사는 성령의 크신 지혜와 역사하심 속에 나타난 성령 자신의 현현이기 때문이다.[23]

B. 은사의 목적

그러면 성령의 은사의 주요한 목적은 무엇인가? 성령의 은사들은 그리스도의 몸을 세우기 위함이다. 에베소서 4장 12절에 은사의 목적이 분명히 나타난다. "*이는 성도를 온전하게 하며 봉사의 일을 하게 하며 그리스도의 몸을 세우려 하심이라*"(엡 4:12). 또한 고린도전서 12장 7절에는 "*각 사람에게 성령의 나타남을 주심은 유익하게 하심이라*"고 말씀한다. 은사가 주어지는 것은 "유익하게 하려 함"이다. 즉 공동체의 유익을 위함이다. 성령의 은사는 공동체를 세우기 위한 것이다. 성령의 은사의 목적은 성도들의 교회, 즉 공동체의 몸을 세우는 것이다. 성령의 은사는 교회의 몸을 세우는 결과를 가져오지 않는다면 부적합하고, 질서를 파괴하는 것이 되는 것이다. 성령의 은사는 개인적인 이익을 위한 것이 아니라, 전적으로 다른 사람들에게 덕을 끼치고, 교회의 몸을 세우기 위한 것이라는 것을 분명히 기억해야 한다. 주님의 백성들이 하나의 공동체로 굳건히 세워지는 것이 주님의 뜻인 것이다.

성령의 은사는 선물로서 그리스도께서 개인을 통해 그분의 사역을 실행하는 수단이다. 성령의 은사는 공동체를 세우기 위한 것으로 성령의 은사를 사용함으로써 교회의 몸을 세우는 결과를 가져와야 한다. 그렇지 않다면 그것은 교회의 질서를 파괴하고, 다른 사람들에게 덕을 끼치지 못하는 은사의 남용이 될 것이다. 각 지체는 성령께서 주신 각자의 역할을 성실히 수행할 때, 교회의 몸은 정상적으로 기능하게 되고, 믿음과 사역 속에서 세워지게 되는 것이다. 이 성령의 은사는 모든 사람들에게 유익을 주기 위하여 주어지는 것으로 교회의 유익을 위하여 성령의 은사를 사용해야 할 것이다.

2. 은사의 종류

어떠한 은사들이 성경에 나타나고 있는가? 성경에 언급된 성령의 은사의 대부분은 로마서 12장, 고린도전서 12장, 에베소서 4장에 나타나 있다. 성령의 은사에 대한 여러 학자들의 분류는 다양하게 제시된다. 맥그래는 성령의 은사를 18가지로 분류했다.[24] 또한 케네드 호킹 같은 학자는 능력의 은사와 봉사의 은사, 방언의 은사로 분류하였고, 조용기 목사는 9가지만을 성령의 은사로 분류하였다.[25] 먼저 대표적인 몇 명의 학자들의 분류를 살펴보면 다음과 같다. 피터 와그너는 다음과 같이 크게 네 가지로 분류한다. 피터 와그너는 로마서와 고린도전서와 에베소서에 나타나는 은사 외에 여러 은사를 추가하고 있다.

(1) 로마서 12장에 언급된 성령의 은사들예언, 섬기는 일, 교사, 권면, 헌금, 지도력, 긍휼.
(2) 고린도전서 12장에 언급된 은사들의 추가지혜, 지식, 믿음, 신유, 영분별, 방언, 방언 통역, 사도, 서로 돕는 일, 행정.
(3) 에베소서 4장 은사의 추가복음 전하는 일, 목사.
(4) 기타 은사독신, 자원하여 궁핍하게 되는 일, 순교, 대접하는 일, 선교사, 중보기도, 축귀 등.

오순절 계통의 교회는 주로 고린도전서 12장의 은사를 강조하며, 크게 네 가지로 은사를 분류하고 있다. 특히 계시의 은사, 권능의 은사와 발성의 은사를 강조한다.

(1) 계시의 은사지식의 말씀의 은사, 지혜의 말씀의 은사, 영분별의 말씀의 은사.
(2) 권능의 은사 믿음의 은사, 병 고치는 은사.
(3) 발성의 은사방언의 은사, 방언 통역의 은사.
(4) 나머지 은사들예언의 은사, 섬기는 은사, 가르치는 은사, 권위 하는 은사, 구제의 은사, 긍휼을 베푸는 은사, 사도직의 은사, 선지자 직의 은사, 복음 전하는 은사, 목사직의 은사, 교사직의 은사.

그리고 제임스 로빈슨은 다음과 같이 세 가지로 분류한다. 즉 동인적인 은사, 직임의 은사와 나타남의 은사로 구분한다.

(1) 동인적인 은사예언, 섬기는 일, 가르치는 일, 권면, 구제, 다스림, 긍휼을 베풂.
(2) 직임의 은사사도, 선지자, 전도자, 목사, 교사, 능력 행하는 자, 병고침, 서로 도움, 다스림, 각종 방언.
(3) 나타남의 은사지혜의 말씀, 지식의 말씀, 믿음, 능력 행함, 병 고침, 예언함, 영을 분별함, 방언 말함, 각종 방언의 통역.

하나님께서 우리에게 주신 은사들에 관해 풀러신학교의 피터 와그너 교수는 27가지 은사를 이야기한다. 시카고의 윌로우 크릭 교회의 빌 하이벨 목사는 24가지 은사를, 맥코믹 신학교의 토마스 호킨스 교수는 22가지 은사를, 온타리오 성서대학의 리차드 후츠 교수는 26가지 은사를 이야기한다. 그런데, 이들은 모두 20가지까지는 모두 동일한 은사를 말한다. 위의 네 학자가 공통적으로 이야기 하는 은사는 다음과 같다.

(1) 예언의 은사, (2) 섬김의 은사, (3) 가르침의 은사, (4) 권면의 은사, (5) 재정의 은사(또는 헌금의 은사, 구제의 은사), (6) 지도력의 은사, (7) 긍휼의 은사(이상 로마서 12장 6~8절), (8) 지혜의 은사, (9) 지식의 은사, (10) 믿음의 은사, (11) 신유의 은사, (12) 기적의 은사, (13) 영분별의 은사, (14) 방언의 은사, (15) 통역의 은사(이상 고전 12:8~10), (16) 서로 돕는 은사, (17) 행정의 은사(이상 고전 12:28), (18) 전도의 은사, (19) 목양의 은사(목사의 은사, 이상 엡 4:11), (20) 손님 접대의 은사(친절과 접대의 은사; 로마서 12:13; 벧전 4:9~10) 등이다.

여기에 학자들에 따라 몇 가지 은사가 더해진다.

즉 (21) 독신의 은사(고전 7:6~7), (22) 사도의 은사(엡 4:11), (23) 선교의 은사(행 12:1~3), (24) 중보기도의 은사(딤전 2:1~2), (25) 장인의 은사(출 35:30~36:1), (26) 창의적 전달의 은사(시편 150:1~5), (27) 귀신을 내쫓는 은사(행 16:16~18), (28) 순교의 은사(고전 13:3), (29) 자원하여 궁핍하게 되는 은사(고전 13:3) 등이 추가되고 있다.

성령의 은사는 위에 열거된 은사보다 분명히 더 많이 있다고 피터 와그너는 주장한다. 피터 와그너는 27가지의 은사를 총 정리하면서 꼭 이렇게 고정시킬 필요는 없다고 하였다.[26] 이상에서 살펴본 대로 성령의 은사들의 분류는 매우 다양함을 알 수 있다. 이것은 어떤 절대적인 은사 분류의 기준이 없음을 시사하고 있다. 성령의 은사는 몇 가지로 구분할 수 없을 정도로 다양하다. 이러한 다양한 은사를 목록으로 사용한 사람은 사도 바울이다. 에베소서 4장 7절에서 "우리 각 사람에게 그리스도의 선물의 분량대로 은혜('카리스' χαρις)를 주셨다"고 말한다. 이 말은 두 가지의 중요한 사실을 시사하는데, 첫째는 모든 참된 신자에게는 예외 없이 주어진 사역을 위하여 성령의 은사가 수여되었다는 것이고, 둘째는 새롭게 뛰어난 능력이 그 은사가 시행될 때 나타난다는 것이 암시되어 있다는 것이다.[27]

[학자들이 주장하는 은사의 종류의 비교]

피터 와그너	빌 하이벨 (윌로크릭교회 담임목사)	토마스 호킨스 (멕코믹 신학교 교수)	리차드 후츠 (온타리오 성서대학 교수)
1. 예언의 은사	예언의 은사	예언의 은사	예언의 은사
2. 섬김의 은사	섬김의 은사	섬김의 은사	섬김의 은사
3. 가르침의 은사	가르침의 은사	가르침의 은사	가르침의 은사
4. 권면의 은사	권면의 은사	권면의 은사	권면의 은사
5. 재정(헌금)의 은사	재정의 은사	재정의 은사	재정(구제)의 은사
6. 지도력의 은사	지도력의 은사	지도력의 은사	지도력의 은사
7. 긍휼의 은사	긍휼의 은사	자비의 은사	긍휼의 은사
8. 지혜의 은사	지혜의 은사	지혜의 은사	지혜의 은사
9. 지식의 은사	지식의 은사	지식의 은사	지식의 은사
10. 믿음의 은사	믿음의 은사	믿음의 은사	믿음의 은사
11. 신유의 은사	병 고침의 은사	병 고침의 은사	신유의 은사
12. 기적의 은사	기적의 은사	기적의 은사	기적의 은사
13. 영분별의 은사	영분별의 은사	영분별의 은사	영분별의 은사
14. 방언의 은사	방언의 은사	방언의 은사	방언의 은사
15. 통역의 은사	통역의 은사	통역의 은사	방언 통역
16. 서로 돕는 일	협력의 은사	협력의 은사	서로 돕는 일
17. 행정의 은사	행정의 은사	행정의 은사	행정의 은사
18. 전도의 은사	전도의 은사	전도의 은사	전도의 은사
19. 목사의 은사	목양의 은사	목양의 은사	목사의 은사
20. 손님 대접	친절과 접대	친절과 접대	손님 대접
21. 독신의 은사		독신의 은사	독신의 은사
22. 사도의 은사	사도의 은사		사도의 은사
23. 선교사 은사		선교의 은사	선교사 은사
24. 남을 위한 기도	중보기도의 은사		남을 위한 기도
25.	장인의 은사		
26.	창의적 전달		
27. 축귀			축귀
28. 순교의 은사			순교의 은사
29. 자원하여 궁핍하게 되는 일			

성경에 언급된 성령의 은사의 대부분은 로마서 12장, 고린도전서 12장, 에베소서 4장에 나타나 있다. 신약성경의 각 책에 나타난 은사를 하나씩 차례대로 살펴보도록 하자.

A. 사역을 위한 은사 (롬 12:3~8)

바울은 로마서 12장 6~8절에서 초자연적 영적은사와는 구별되는 섬김의 은사에 대해 언급한다. "우리에게 주신 은혜대로 받은 은사가 각각 다르니 혹 예언이면 믿음의 분수대로, 혹 섬기는 일이면 섬기는 일로, 혹 가르치는 자면 가르치는 일로, 혹 위로하는 자면 위로하는 일로, 구제하는 자는 성실함으로, 다스리는 자는 부지런함으로, 긍휼을 베푸는 자는 즐거움으로 할 것이니라"(롬 12:6~8)라고 로마의 교인들에게 권면했다. 바울은 섬김, 가르침, 권위, 구제, 다스림, 긍휼 베푸는 것을 언급하며, 그것들을 은혜를 따라 나누어 주신 은사로서 분류하며, 섬김을 위한 은사로 사용할 것을 말씀하고 있다. 모든 은사의 기능을 잘 특징지어 주는 하나의 단어는 사역(섬김)이다. 각 은사를 하나씩 살펴보자.

1) 예언의 은사 (The Gift of Prophecy) (6절)

헬라어의 원 의미는 "말을 토하여 내다" 혹은 "다른 사람을 위하여 말한다", "미리 예고(prediction)하고, 경고한다", "앞서서 말한다(foretell)"는 뜻이 있다. 따라서 예언은 미래의 사건과 현재의 상황에 대하여 메시지를 전하는 것을 말한다. 예언이란 하나님의 계시를 이해하는 것이며, 과거의 것을 아는 것과 미래의 것을 예견하는 것이다.

예언의 은사는 구약의 선지자들에 의하여 활용되었으며, 그들은 현재의 사건들을 통하여 장래를 예견하면서, 현재에는 격려하고, 장래에 대하여는 경고하는 방식으로 예언했다. 바울은 예언을 하나님께서 교회를 가르치기 위해서 베푸신 가장 큰 은사 중의 하나였으며, 교회를 신앙의 기초위에 세우며, 기적을 설명하고, 하나님의 영감의 확고부동한 기록의 말씀을 전달하는 것으로 인정했다. 신약성서에서 언급된 예언의 은사는 성경에서 그리스도에 대한 증거를 찾는 것으로 넓게 설명할 수 있다. 예언은 하나님의 백성들에게 성별된 말로 전달하는 역량이다.[28]

구약의 예언자들은 그리스도의 강림을 예고하였고, 신약의 예언자들은 십자가에 못 박히셨다가 부활하셔서 다시 오실 주 예수님을 자신의 메시지의 중심으로 삼고 있다. 예언은 궁극적으로 예수 그리스도와 관련이 있어야 한다. 구약성경의 선지자들은 그들의 메시지를 십자가에 못 박히시고, 부활하시고, 장차 다시 오실 주 예수 그리스도에다 집중시키고 있다. 모든 성경이 그리스도를 향하고 있다. 그리스도는 구약성경과 신약성경의 중심이요, 본질이다. 예언은 성령이 권한을 부여해서 기록된 말씀의 중심과 부분인 그리스도에 관한 살아있는 말씀을 선포하게 하는 것이다.[29]

예언의 은사는 하나님의 기록된 말씀을 명확하게 선포하는데 사용되어야 한다. 다른 은사들과 마찬가지로 예언의 은사는 교회의 덕을 세우기 위함이며, 자기주장이나 고집이 되어서는 안 될 것이다. 예언의 목적은 전적으로 교회의 덕을 세우는데 두어야 한다. 교회에 덕이 되지 않는 예언은 성령으로 말미암은 것이 아니다. 그러므로 예언의 은사는 하나님께서 그리스도의 몸의 지체에게 주신 특별한 은사로 교회의 덕을 세우기 위한 하나님의 능력이다(고전 12:3, 4).

2) 섬김의 은사 (The Gift of Service) (7절)

섬김은 헬라어 'Diakonos'(διακονος, 디아코노스)인데, "돕는다", "손을 빌려준다"는 의미이다. 사도행전 20장 35절에 바울이 약한 자를 도우라(support)고 말씀할 때, 사용된 "도와주라"는 섬김의 동사형이다. 이는 그리스도의 지체에게 필요한 것을 채워주는 능력을 발휘하여 돌봄과 보완으로 진정한 성취감을 맛보는 은사인 것이다.

이 은사는 하나님의 일을 완성하기 위하여 여러 가지 도움이 필요한 경우에 뒤에 숨어서 그 일을 완성하기까지 도와주는 능력이다. 이 은사를 가진 사람들은 도움이 필요한 곳에 민감하여 그때마다 도와주어야 할 사명감을 느끼며, 교회나 기관들의 과제 수행에 꼭 필요한 도움을 제공하며, 다양한 재능이 있어서 필요하다는 요청이 있을 때마다 기쁘게 응락한다.

이 은사를 가진 사람들은 뒤에 숨어서 일하기를 좋아하며, 자기 이름이 드러나는 것에 신경을 쓰지 않는다. 그들은 작은 일에 충성하며 그 일 가운데서 하나님의 역사와 신비를 발견한다. 이 은사를 가진 사람들은 하나님을 섬기듯이 몸 된 교회를 섬기기 위해서 주일 예배가 끝난 후 의자를 정돈한다거나, 각종 기록들을 작성한다거나, 교회 기물들을 보수하는 일 등을 한다. 어떤 면에서는 섬기는 은사를 받은 사람들이 다른 어떤 은사를 받은 사람들보다 숫자적으로 더 많을는지 모른다.

3) 가르침의 은사 (The Gift of Teaching) (7절)

하나님께서 몸의 어떤 지체에게 주신 특별한 역량으로서 다른 사람들이 배울 수 있도록 몸과 그 지체의 건강 및 직임에 관계되는 지식을 전달하는 은사를 말한다.[32] 가르침의 은사는 듣는 사람들이 더욱 그리스도와 닮은 삶을 살아갈 수 있도록 하나님의 말씀을 바로 이해하고, 분명하게 설명하고, 합당하게 실천하도록 하는 하나님의 능력으로 교회의 어떤 지체에게 나눠주어 교회의 덕을 세우고, 하나님께 영광을 돌리게 하는 은사이다.

이 은사를 가진 사람들은 다음의 특성들을 나타낸다. 성경의 진리를 잘 전달하여 그 말씀에 더욱 잘 순종할 수 있도록 영감을 준다. 성경의 진리를 가지고 듣는 자들에게 단순하고 실천적인 도전을 준다. 최대한의 삶의 변화가 일어날 수 있도록 하나님의 진리를 전달한다. 자세하고 정확하게 주의를 집중하게 만든다. 연구와 성찰을 위해 더욱 충분한 시간을 내어 준비한다. 이 가르치는 일을 하려면 먼저 배워야 한다. 이 가르치는 은사는 봉사할 수 있도록 성도들을 준비시키며, 준비된 그들이 다른 사람들을 가르칠 수 있게 되는 것이다. 가령 교사가 되려면 담임목사로부터 가르침을 받아야 하듯이, 학습을 위한 기회를 신실하게 추구해야 한다. 이 은사는 다른 은사와 달리 연구하고, 준비하는데 많은 시간을 꾸준히 규칙적으로 사용해야 한다.

4) 권면의 은사 (The Gift of Encouragement) (8절)

본질적으로 권면은 격려를 말한다. 권면의 은사는 곁에 있으면서 도와주고, 약한 자에게 힘을 주며, 흔들리는 자를 붙잡아주고, 악전고투하는 사람의 뒤를 받쳐주며, 망설이는 자를 안정시켜 주고, 고난에 처한 사람을 위로해 주며, 갈팡질팡하는 사람을 격려해 주는 은사를 말한다.[33] 그러므로 하나님의 말씀과 권위로 사람을 격려하고, 감동케 하여 행동할 수 있게 하는 은사이다. 바울은 권면의 은사를 가지고 있었다. 첫 번째 전도여행에서 여러 교회를 개척한 후에 루스드라와 이고니온과 안디옥으로 되돌아가면서, "*제자들의 마음을 굳게 하여, 이 믿음에 머물러 있으라*"고 권면하였다(행 14:22). 또 바울은 사도행전 20장 1절에 에베소 신자들에게 "그들을 격려한" 뒤에 떠난 것으로 되어 있다.

권면의 은사는 하나님께서 주시는 능력으로 좌절과 실망 가운데 빠져 있거나, 신앙이 흔들리는 사람들을 진리로 권면하거나, 위로하거나, 격려하여 실천할 수 있게 돕는 은사이다. 이 은사를 가진 사람들은 좌절 가운데 있는 사람들의 편에 서서, 그들에게 힘을 북돋아 주고, 확신 가운데 설 수 있게 돕는다.

그들은 좌절하는 사람들을 위로하거나 대결하거나, 격려하여 하나님의 약속을 신뢰하고, 소망 가운데 굳게 설 수 있게 한다. 이 은사를 가진 사람들은 사람들을 권면하여, 성경의 진리를 실천하며 적용할 수 있게 돕는다. 그리고 다른 사람들을 성장할 수 있게 동기를 부여한다. 이 은사를 가진 사람들은 하나님의 약속을 강조하여, 하나님 뜻을 신뢰할 수 있게 하는 힘이 있다.

이 은사는 세상에서 소외되고 업신여김을 받는 사람들을 향해 관심을 갖고, 위로와 상담을 해줌으로 실제적인 도움이나 치유를 받게 함으로 다시 힘을 갖고 일어서게 하는 역할을 하는 것이다.

5) 구제의 은사 (The Gift of Giving) (8절)

헬라어로 '메타디두스'(μεταδιδοὺς, metadidous)라는 말이 있는데, 여기에는 '주는 자', '분배 자', '희사 자'라는 뜻이 있다. 에베소서 4장 28절에서 "가난한 자에게 구제할 수 있도록 자기 손으로 수고하여 선한 일을 하라"고 가르친다. 누가복음 3장 11절에서도 세례 요한이 "옷 두벌 있는 자는 옷 없는 자에게 나눠 줄 것이요, 먹을 것이 있는 자도 그렇게 할 것이니라"고 가르친다. 또 이 은사는 "만약 하나님께서 너희에게 금전을 주셨다면 다른 사람들을 돕기 위해서 그 돈을 선용하라"는 말씀 가운데 구제라는 말을 사용하였다.[34]

하나님께서 그리스도의 몸의 어떤 지체에게 주신 특별한 역량으로서 자신들이 가진 물건이나 물질적 자원을 관대하게 주님을 위해 바치는 것이라 할 수 있다. 구제하는 것은 자기 자신의 소유를 너그러운 마음을 갖고, 다른 사람과 나누는 것이다. 그러나 일반적으로 구제한다고 하면 돈 없는 사람, 가난한 사람, 불쌍한 사람을 도와주는 것으로 이해되고 있다. 이 은사는 구제의 대상 보다는 오히려 구제하는 사람에게 초점이 맞춰져 있는 것이다.

6) 다스림의 은사 (The Gift of Governments) (8절)

돕는 은사의 경우와 마찬가지로 '다스리는 것'으로 번역된 헬라어는 로마서 12장 8절에 단 한번 나타난다. 그러나 명사형인 '큐버네테'(κυβερνήτῃ, kybernete)는 두 번 나타나는데, 매번 선장(Shipmaster)을 언급하고 있으며(행 27:11; 계 18:17), 동사 형태는 "감시하다", "다스리다", "감독하다", "지배하다", "조정한다", "키잡이가 되다"를 의미한다.[35]

그러므로 다스리는 은사는 폭풍우와 난항 속에서 교회라는 배를 잘 조정해 나갈 수 있도록 하나님께서 어떤 지도자들에게 부여하신 영적인 능력으로 묘사할 수 있을 것이다. 미래를 위한 하나님의 목적과 일치하는 목표들을 설정하고, 이 목표를 다른 사람들에게 전달하되, 그들이 하나님의 영광을 위하여 자발적으로 협동하여, 이 목표들을 달성하도록 하는 역량이다.[36]

다스리는 은사는 지혜, 공정, 모범, 겸손, 봉사, 자신, 안정과 효율을 갖고서 총괄하고, 다스리고, 제안하고, 조직하고, 관리하는 성령이 주신 능력이다. 이 은사는 하나님의 목적을 조화 있게 성취할 수 있게 사람들에게 비전을 제시하고, 동기를 부여하고, 지도하는 능력으로 하나님께서 교회의 지체에게 주시는 은사이다. 이 은사를 가진 사람들에게 다음의 특성들이 나타난다. 하나님의 사람들에게나 또는 하나님의 사역에 방향을 제시한다. 다른 사람들에게 최선을 다해 하나님의 일을 할 수 있도록 동기를 부여한다. 다른 사람들에게 '더 큰 윤곽'을 볼 수 있게 도와준다. 사역의 가치들을 볼 수 있게 만들어 준다. 책임을 다해 목표에 달성할 수 있게 도와준다.

7) 긍휼 베품의 은사 (The Gift of Mercy) (8절)

로마서 12장 8절에 "긍휼을 베푸는 자는 즐거움으로 할 것이니라"고 했다. 여기서 긍휼이라는 말은 헬라어 '엘레오스'(Eleos)에서 왔는데, 이 말은 "동정심을 갖는다" 또는 '행동이 수반되는 동정'을 뜻하는 말이다. 또 "즐거움으로 할 것이니라"라고 할 때, 즐거움 역시 단순한 기쁨을 넘어서 다른 사람을 유익하게 해주는 화해의 차원을 뜻한다. 긍휼의 은사를 가진 예수님은 마태복음 9장 36절에서 "무리를 보시고 불쌍히 여기시니 이는 그들이 목자 없는 양과 같이 고생하며 기진

함이라"고 말씀하셨고, 마태복음 15장 32절에서도 배고파 지쳐 있는 군중들을 측은히 여기시는 장면이 나온다. 누가복음 7장 11~15절에서는 과부의 외아들이 죽은 것을 보시고 불쌍히 여기시는 긍휼의 마음을 엿볼 수 있다. 예수님의 형제인 야고보도 긍휼의 은사를 나타낸 인물이다(약 2:15~18).

이 은사는 고통이나 필요 가운데 처한 사람들을 기꺼이 그리고 실천적으로 도와서 행동에 옮길 수 있도록 긍휼을 베푸는 은사로서, 하나님께서 교회의 덕을 세우기 위해 교회의 어떤 지체에게 나누어 주시는 하나님의 능력이다. 이 은사를 받은 사람들은 다음의 특성을 나타낸다. 고난당하는 사람의 통증과 불안을 가볍게 해주고, 외롭고 소외된 사람들의 필요를 채우기 위해 노력하고, 지치고 힘들고 위기에 처한 사람들에게 사랑과 은혜와 존중을 나누어 준다. 어려움을 당하거나 고통스러운 환경 가운데서 고생하는 사람들을 즐거운 마음으로 도와준다. 사람들을 억압하는 개인적인 이슈들과 사회적인 이슈들에 관심을 가지고 일한다.

이 은사는 하나님께서 그리스도의 몸의 어떤 지체에게 주신 특별한 선물이다. 그리스도인이든 비그리스도이든 육체적, 정신적, 정서적 문제를 가지고, 고통을 당하는 자들에게 순수한 자비를 느끼고, 순수한 자비를 행동으로 옮겨서 그들의 고통을 덜어준다. 마치 자신의 것처럼 느끼는 비범한 힘을 지니고 있다. 그래서 상처를 입은 자와 궁핍한 자에게 동정을 느끼며, 도와주는 것으로 사랑의 표현을 통해 나타난다. 권면하는 은사가 주로 사랑의 말로써 사람들을 돕는데 비해, 긍휼을 베푸는 은사는 사랑의 행동을 통하여 사람들을 돕는 것이다.

B. 초자연적 영적 은사 (고전 12:8~10)

오순절주의자들은 여러 본문에 기록된 성령의 은사 중에서 특별히 고린도전서 12장 8~10절에 언급된 9가지 은사를 대표적 은사로 보고 강조한다. 이 9가지 은사는 학자들에 따라 여러 가지로 분류된다. 계시의 은사(지혜, 지식, 영분별), 능력의 은사(믿음, 능력 행함, 신유)와 구변의 은사(예언, 방언, 방언 통역)로 구분하기도 한다. 또한 초자연적 인식능력의 은사(지혜, 지식, 영분별), 초자연적 행위의 은사(믿음, 능력 행함, 신유)와 초자연적 언변의 은사(예언, 방언, 방언 통역)로 나누기도 한다. 성령의 나타남은 아주 다양하다. 성령은 그 은사들이 계속적인 소유물이 아니기 때문에 당신의 나타나심을 통해 당신의 뜻대로 다양하게 은사를 나누어 주시며 자유롭게 운행하심을 볼 수 있다. 오순절주의자들이 강조하는 이 '성령의 은사들'(고전 12장)은 인간의 한계를 뛰어넘는 하나님이 주시는 초자연적 영적 은사들로서 관심을 집중시키고 있는 은사들이다. 고린도전서 12:8~10에 나타난 은사를 9가지로 자세히 살펴보자. 특히 예언과 방언의 은사를 상세하게 살펴볼 것이다.

1) 지혜의 말씀 (Word of Wisdom)

이것은 일반적으로 말하는 지혜의 은사가 아니고, '지혜의 말씀'의 은사이다. 그렇지만 이 은사 자체가 반드시 발성적 은사인 것은 아니다. '말씀'(Logos)은 '개념', '생각', '주제 되는 것', '이성', '이야기' 및 '교리'로 정의된다.[37] 사도행전 6장 10절에서 스데반에게 역사했던 은사가 이 은사와 같다. 또한 사도행전 15장 28절에는 제 1차 사도회의에 대하여 기록하고 있는데, 그들이 도달한 결론을 다음과 같이 표현하고 있다. "성령과 우리는 이 요긴한 것들 외에는 아무 짐도 너희에게 지우지 아니하는 것이 옳은 줄 알았노니" 성령의 마음이 '지혜의 말씀'으로써 사도들에게 전달된 것이다. 지혜는 실제적인 행동이나 행위에 대한 통찰력을 의미한다. 각 교회마다 사명을 수행해 나아가다 보면 어떠한 행동을 취해야 할까에 대한 중대한 결정을 내려야만 할 때가 있는데, 이러한 때 '지혜의 말씀'의 역사는 성령의 인도하심을 제시해 줄 수 있는 것이다.[38]

이 은사는 고린도전서 1:17에 나오는 헬라인들이 제일로 간주하는 지혜와는 판이하게 다른, 성령이 선물로 주시는 은사이다. 즉 지혜의 말씀은 선천적인 지혜가 아니라, 특수한 상황에서 어떤 지체에게 주어지는 지혜의 말이다. 지혜는 많은 인간의 경험에서 온다. 그러나 성령의 나타남으로 오는 지혜의 은사를 받으면 진퇴양난의 어려운 상황을 은혜롭게 극복한다. 고린도전서의 서두에서부터 바울은 자신을 아볼로나 게바와 같은 사도들이나 선생들과 관련하여 설명하고 있는데, 이들은 하나님의 대변자로, "비밀한 가운데 있는 하나님의 지혜, 즉 감추었던 지혜"에 대해 가르쳤는데, 이것은 하나님의 계시를 의미했다. 이것을 다른 세대에도 전해주기 위해서 말로 변경했다. 지혜는 세상의 지식과 엄격히 구분되어야 하는 것으로서 복음에 대한 영적 지혜를 포함한다. 이 은사를 가지고 있는 사람은 실제적인 지성을 가지고 있는 사람으로서 어떤 문제의 핵심에 신속히 도달하며, 결정적 문제를 해결한다. 이런 은사를 가진 사람이 많을수록 교회의 여러 가지 문제를 무리 없이 해결한다.

지혜의 말씀의 은사는 내적이고, 근본적인 것을 말한다. 지혜의 말씀은 오직 하나님의 성령의 초자연적인 기적으로 하나님의 지혜가 성도에게 주어져서, 성도는 그 지혜를 통하여 어려운 환경이나 일을 놀랍게 처리하여 문제를 해결함으로 하나님께 영광을 돌리게 되는 것이다. 이러한 은사를 받은 사람은 문제를 해결하는 실제적인 지성을 가지고, 올바른 방향을 제시하고, 타당한 결의를 하게하며, 몸의 화합을 돕는다.

지혜의 말씀의 은사는 불신자들의 주장에 대하여 논박할 때, 특히 요구된다. 예수님은 그의 사역에서 여러 번 사두개인과 바리새인의 주장에 대하여 지혜의 말씀으로 물리치셨다(눅 20:39~40). 지혜의 말씀은 또한 어려운 상황을 해결하는데 도움을 준다(참조 '솔로몬의 아이 재판', 왕상 3:16~28). 이것은 항상 만능의 지혜를 인간이 마음대로 사용하도록 주시는 것이 아니라, 그때그때의 시간과 장소를 아는 인간의 능력으로 해결할 수 없는 난관에 부딪쳤을 때, 하나님께서 우리에게 놀라운 성령의 지혜를 부어주심으로 그 어려움을 능히 극복하고, 해결하게 해 주시겠다는 약속인 것이다.

이 지혜의 말씀은 지혜를 언어를 통하여 발표한다. 그러면 어떤 종류의 지혜를 말하는 것일까? 어떤 종류의 지혜를 가리키는가를 알아보기 위하여 신약 성경에서 사용된 지혜라는 말의 용법을 살펴보는 것이 좋을 것이다. 이 지혜라는 말을 꿈의 해석과 슬기로운 충고를 하는 일에 적용할 수 있을 것이다(행 7:10). 또한 지혜는 신비스러운 숫자와 환상의 의미를 발견하는데 나타난 지성을 가리킬 수도 있다(계 13:18, 17:9). 일을 잘 처리하는 기술을 가리켜 지혜라고 할 수도 있다(행 6:3). 교회 밖에 있는 외인들을 잘 대하는 신중성을 지혜라고 할 수도 있다(골 4:5). 기독교의 진리를 전하는데 사용된 분별력과 기술을 가리켜 지혜라고 할 수도 있다(골 1:28). 경건하고 바른 생활을 하는데 필요한 지식과 행위를 가리켜 지혜라고 할 수도 있다

(약 1:5, 3:13, 17). 그리스도를 성공적으로 변증하는데 필요한 지식과 기술을 가리켜 지혜라고 할 수도 있다(눅 21:15).

지혜의 말씀은 특히 교회의 설교 사역에 필요하다. 하나님의 진리와 인간의 의무를 깨닫게 되면, 그 하나님의 진리를 전할 능력과 성경을 해석하는 능력을 얻게 된다(마 13:54, 막 6:2, 행 6:10). 세례 요한과 예수께서 사람들에게 구원의 계획을 가르친 교훈을 지혜라고 할 수 있다(마 11:19). 바울의 글에서 지혜라는 말의 뜻을 찾아보면, 전에는 숨겨져 있던 하나님의 계획에 대한 지식을 말하며, 또한 그리스도의 속죄를 통하여 구원을 인간에게 주신다는 지식을 말하는 의미도 포함되어있다(고전 1:30, 골 2:3). 그러므로 지혜의 모든 보화가 그리스도 안에 감추어져 있다(골 2:3). 하나님의 지혜는 그의 권고 속에도 잘 나타나 있다(롬 11:33). 위에서 언급한 바와 같이 지혜의 말씀이란 지혜를 발표하여 나타낼 수 있는 초자연적 능력을 말하는 것이다.

지혜의 은사는 특별한 상황에 꼭 필요한 영적인 진리를 깨닫고, 적용하는 하나님의 능력으로 교회의 어떤 지체에게 주시는 은사이다. 이 은사를 받은 사람들은 다음의 특성을 나타낸다. 다음 단계에 취해야 할 행동을 결정할 수 있게 결과를 예측한다. 교회에 꼭 필요한 것이 무엇임을 이해한다. 갈등과 혼란 가운데서도 하나님께서 주시는 해결책을 찾아낸다. 주어진 상황에서 가장 적절한 하나님의 뜻을 발견한다. 성령께서 주시는 방향을 감지한다. 주체적이요, 실제적인 방법으로 하나님의 영적 진리를 적용한다. 지혜는 깊은 이해의 차원에서 작용하므로 지혜의 말씀은 다른 사람들을 크게 교화시킬 수가 있다. 지혜의 말씀은 인간의 지혜나 웅변술이나 설득력을 의지하지 않고, 전적으로 성령의 영감에 의지한다. 지혜의 말씀은 그 자체가 성령께로 말미암은 계시의 결과라는 것을 알 수 있다. 이 지혜의 말씀을 통해 성도들이 유익을 얻게 되는 것이다.

2) 지식의 말씀 (Word of Knowledge)

고린도전서 1장 5절의 바울의 진술에 의하면 지식의 말씀의 은사는 "이는 너희가 그의 안에서 모든 일, 곧 모든 구변과 모든 지식에 풍족하므로"에 나타난다. 지혜의 말씀이 실제적인 행동에 있어서 교회에 통찰력을 준다면, '지식의 말씀'은 이러한 행동의 기초를 형성해 주는 교리의 원리들에 빛을 가져다준다. 바울은 영적인 지식이 교회에 역사하고 있음을 확신하면서, 로마서 15장 14절에서 이렇게 말씀한다. "내 형제들아 너희가 스스로 선함이 가득하고 모든 지식이 차서 능히 서로 권하는 자임을 나도 확신하노라"

지식의 말씀의 은사는 그 활동에 있어서 교회를 인도하기 위한 것이다. 이 은사는 여러 사람이 모인 교회를 권면하고, 덕을 세우며, 안위하기 위하여 부여된 것이다. 도날드 지(Donald Gee)는 지식의 말씀이 기독교의 설교와 가르침에 각각 관련된다고 주장한다.[39] 그리고 이 지식의 말씀의 역할은 성령께서 특별한 목적을 가지고, 특별한 기회에 신적인 지식이나 사실을 알게 하는 것이다.[40] 와그너는 이 지식의 은사를 "하나님께서 그리스도의 몸의 성장과 번영에 관한 정보와 사상을 발견하고, 쌓고, 분석하고, 명료하게 하는 능력"이라고 정의한다.[41]

이 은사를 가진 사람은 사람들과 더불어서 있기보다는 학문과 더불어 있을 때, 더 많은 즐거움을 얻는다. 이 은사를 받은 사람은 성경을 보다 잘 알게 된다. 다른 말로 표현해서 성령님께서 성경을 가르쳐 주신다는 것이다. 그것은 성경에 분명 이르기를 지혜와 지식의 근본은 주 여호와 하나님이시기 때문이며, 보혜사 성령님께서는 우리에게 지혜와 진리를 가르쳐 주시기 때문이다. 그리고 그 지혜와 지식의 근본이 되는 하나님 말씀이 적힌 곳이 성경이기 때문이다. 성경은 성령의 감동에 의하여 기록되어 있는 것이다. 지식의 말씀이란 초자연적으로 영감된 언어를 말한다. 신약에 기록되어 있는 '지식'이라는 말의 용법을 잘 연구해 보면, 지식이란 무엇이냐고 묻는 질문에 대한 대답을 얻게 될 것이다. 이 지식이란 말은 다음과 같은 지식을 말한다. 즉 복음서에 나타나 있는 대로 하나님에 관한 지식이다(고후 2:14).

특별히 바울은 이 지식을 가리켜 하나님께 속한 일들을 아는 지식이라고 설명하였다(고후 10:5, 롬 11:33). 또 지식이란 지성과 이해를 의미한다(엡 3:19). 기독교인의 믿음에 관한 지식을 뜻한다(롬 15:14, 고전 1:5). 기독교에 대한 보다 깊고, 보다 완전하고, 보다 폭이 넓은 지식을 말한다(고전 12:8, 14:6; 고후 6:6, 8:7, 11:6). 기독교와 하나님의 진리에 대한 높은 지식을 말하는 수도 있다. 그런데 거짓 교사들은 이와 같은 것들을 자랑한다(딤전 6:20). 올바른 생활 속에 나타난 바와 같은 도덕적 지혜를 가리키는 수도 있는데(벧후 1:5), 이는 다른 사람과 관련되어 있는 것이다(벧전 3:7). 하나님의 진리와 인간의 의무에 관한 지식을 말하는 수도 있다(롬 2:20, 골 2:3).

그러면 지혜와 지식은 어떻게 다른가? 어떤 학자의 말에 의하면 지식은 하나님의 진리에 대한 통찰력을 말하는 것이요, 지혜란 기독교의 기본 원리에 입각하여 기독교인의 신앙생활을 잘 영위케 하는데 도움이 되는 기술을 말한다고 주장한다. 데이어 사전(Theyer's

Lexicon)은 지식과 지혜를 한데 취급하고 있는데, 지식은 지식 자체를 가리키는 것이고, 지혜란 행위 속에 나타난 지식이라고 정의하고 있다. 성령은 지혜의 영이시며, 지식의 영이시다. 성령만큼 지식이 넘치는 이가 없고, 성령만큼 지혜로 충만한 분이 없다. 그러므로 지혜의 말씀과 지식의 말씀은 성령께서 믿는 자들에게 부어주시는 선물인 것이다.

어떤 학자는 지혜는 사물의 진가를 달관하는 것이고, 지식은 복음의 요의를 파악하는 것이요, 지혜는 내적이고 근본적이고 영원적인 것이나, 지식은 외적이고 구체적이고 임시적인 것이라고 설명한다. 지식의 말씀의 은사는 신자들에게 하나님의 말씀의 교훈을 연구하고, 조직하게 하는 은사라고 본다. 지식의 말씀의 은사를 통해서 신앙인들은 신적인 진리를 꿰뚫는 심오한 직관력을 습득할 수가 있는 것이다. 이 은사는 성경 번역가들이나, 성경 주석가들에게서 많이 보인다고 설명한다. 로드만 윌리암스는 지혜의 말씀의 은사는 설교자에 더 관계되고, 지식의 말씀은 교사에게 더 관계된다고 구별하고 있다. 이것은 넓은 의미에서의 지식의 말씀의 은사에 해당된다고 볼 수 있다.

사람은 원래 지혜와 지식을 가진 존재이다. 하나님께서 만드신 피조물 가운데 사람과 다른 피조물과의 근본적으로 다른 점은 바로 인간에게는 생각할 수 있는 지혜와 생각한 것을 간수할 수 있는 지식이 있다는 것이다. 그것은 동물에게 있는 본능과 같은 것이 아니며, 창조적으로 현실을 발전시킬 수 있는 능력이다. 동물의 생활은 수천 년이 지나도 변하지 않는다. 동물에게는 문명이 없다. 그러나 인간의 지혜와 지식은 문화의 발전을 기반으로 새로운 문명을 낳게 한다.

그런데 성령께서 선물로 주신 은사인 지혜의 말씀과 지식의 말씀은 원래부터 인간이 가지고 있는 지혜와 지식과는 근본적으로 구분되고 있다. 지혜의 말씀과 지식의 말씀은 모두 성령을 통해 알려지는 진리의 표현으로 인간의 이성으로는 얻을 수 없는, 인간의 모든 능력을 뛰어 넘는 곳에서 비롯되는 것이다. 성령의 은사로서의 지혜와 지식은 문명과 문화에 유익한 것이 아니라, 성령을 통해 알려지는 진리의 표현인 것이다. 이 지혜의 말씀과 지식의 말씀은 '말씀'에서 정관사가 있으므로 특별한 지혜나 지식의 드러남을 가리킨다. 이 말씀은 주어진 상황에서 신성한 진리의 한 국면에 관한 말씀인 것이다.

좁은 의미에서의 '지식의 말씀의 은사'는 우리의 환경 중에 우리가 알지 못하는 여러 가지 사건이 일어나는 중에, 하나님의 나라와 그리스도의 복음을 위하여 하나님의 자녀에게 반드시 알려야만 할 일이 있을 때, 나타난다. 하나님께서는 그 부분적인 지식을 성령을 통하여 또는 꿈이나 환상이나 묵시나 혹은 사람을 통하거나 하는 등의 초자연적인 방법으로 주어지는 지식을 말한다고 할 수 있다. 이 견해는 전통 오순절주의에서 말하는 지식의 말씀의 은사에 대한 대표적 견해라 할 수 있다.

인간이 가진 본래의 지혜와 지식은 과학과 문명이 가져다주는 은택을 입게 하지만, 성령이 주시는 지혜와 지식은 하나님을 섬기는 도리와 예의를 알게 하고, 하나님의 아들인 예수 그리스도를 알게 함으로써 하나님의 은총을 받게 한다. 그러므로 성도는 누구든지 성령으로 말미암은 지혜의 말씀과 지식의 말씀이 충만하도록 구해야 할 것이다. 우리는 성령을 따라서 지혜의 말씀과 지식의 말씀이 충만하도록 늘 기도해야 하겠다.

3) 특별한 믿음 (Special Faith)

믿음의 은사를 특별한 믿음으로 언급하고 있다. 그 이유는 이 믿음의 은사가 구원의 믿음이나 히브리서 11장 6절의 *"믿음이 없이는 하나님을 기쁘시게 못하는"* 신자들의 일반적인 믿음과 다르기 때문이다. 모든 믿음은 본질상 동일하지만, 이 특별한 믿음의 은사는 그 정도와 적용에 있어서 다른 믿음과 구별되는 것이다. 특별한 믿음은 흔히 신유나 기적과 연합해서 역사하고 있다. 사도행전 3장에서 성전 문 앞의 앉은뱅이를 고칠 때, 이 믿음의 은사가 역사되었음을 볼 수 있다. 이 때 베드로에게는 예수의 이름으로 일어나 걸으라고 앉은뱅이에게 명령할 수 있는 기적적인 믿음이 있었던 것이다.[42] 이러한 믿음에 대해서 도날드 지(Donald Gee)는 다음과 같이 기술하고 있다.

> 이 믿음의 은사는 특별한 위기나 특별한 기회를 만난 하나님의 종들에게 지극히 강력한 능력으로 임하여, 그들로 하여금 하나님에 대한 평범하고도 일반적인 믿음의 영역으로부터 위로 솟아오르게 함으로써, 그들의 영혼 속에 모든 것을 승리하게 하는 하나님께서 부여하신 확신이 있도록 해주는 것이다.[43]

예수께서 "하나님을 믿으라"(막 11:22)고 그의 제자들에게 말씀하셨을 때, 이러한 믿음의 질을 묘사하고 있다. 마가복음 11장 22절의 헬라어를 문자적으로 읽어보면 하나님에 대한 그 믿음을 가져라(Have the Faith of God)가 된다. 곧 이어 그 다음 절에서 예수께서는 이 하나님이 주신 믿음으로 사람이 산을 향하여 "들리어 바다에 던지우라"하면 그 일이 이루어질 것이라고 말씀하셨다. 이 말씀에 나타난 산을 교회의 사명을 수행해 나감에 있어서 그 일을 불가능하게 만드는 장애물을 상징한 것이며, 특별한 믿음을 통해 그 일을 수행해 나가야 함을 말하고 있다. 이 특별한 믿음의 은사는 일반적인 믿음과는 다른 믿음이다. 일반적인 믿음이란 성경의 말씀이 이루어질 것을 믿고, 하나님의 명령에 순종하는 것이다. 예수를 믿고 살아가는 영적 자세 등이 일반적인 믿음에 해당된다. 그러나 이 특별한 믿음은 구체적이고, 특별한 하나님의 뜻을 구체적 상황에서 받아, 하나님께서 그 뜻을 이루실 것을 신뢰하는 영적 자세와 능력이라 말할 수 있다.

믿음의 은사는 하나님께서 그리스도의 몸의 어떤 지체에게 주신 특별한 역량으로서, 놀라운 확신을 가지고, 미래의 하나님의 일에 대한 하나님의 뜻과 목적을 분별한다. 믿음의 은사를 가진 사람은 일반적으로 미래의 일에 보다 더 큰 관심을 가진다. 이 믿음의 은사를 가진 사람들은 목표에 집중하고, 적극적인 사고방식을 가지고, 무엇을 할 수 있다고 생각하는 사람들로서, 환경이나 고난이나 장래를 두려워하지 않는다.[44] 그러나 이 믿음의 은사를 가진 사람들은 흔히 비판으로 말미암아 크게 격분하는 일이 많다. 그리고 그 누군가가 자기들을 비판한다 할지라도, 그 이유를 이해하려는 마음을 갖지 않는다. 왜냐하면 이들은 자기들이 하나님의 뜻을 이행하고 있다는 철저한 확신을 가지고 있기 때문이다. 이들은 자기들에 대한 비판을 하나님에 대한 비판으로 해석하는 경향이 강하다. 그러므로 이들은 흔히 자기들과 동행하지 않는 그리스도인 친구들을 묵

인하지 못하게 되는 경향이 있다.[45]

　때때로 성경에 없는 약속들에 대해서 성령이 믿도록 믿음의 선물을 주시는데 이것도 믿음의 은사라고 말한다. 이 믿음의 은사는 모든 자연적인 방해에도 불구하고, 하나님의 뜻은 성취된다는 것을 믿는다. 믿음의 은사는 불가능한 것도 하나님을 믿고, 맡기며, 확신을 보여주는 능력이다. 이와 같은 은사는 하나님의 선물로서의 은사, 즉 "산을 옮길만한 믿음"을 의미한다. 이 은사는 하나님만 의지하게 하며, 교회는 더욱 튼튼해져서 확장되게 한다. 그래서 이 은사를 가진 사람은 미래의 일에 보다 큰 관심을 갖고, 목표를 향해 전력을 집중하고, 적극적인 사고방식을 갖고 할 수 있다고 생각하기 때문에, 환경이나 고난이나 방해를 두려워하지 않고, 전진하게 된다. 교회 성장에 대한 비전을 가진 목회자에게는 특히 믿음의 은사는 꼭 필요한 것이다.

　믿음의 은사를 가진 사람은 다른 사람들의 믿음의 부족을 꾸짖어서는 안 된다. 모든 그리스도인이 다 이 믿음의 은사를 가지고 있는 것은 아니기 때문이다. 또한 이 믿음 역시 신자가 항상 소유하는 것이 아니라, 때와 상황에 따라 성령께서 기뻐하시는 대로 성도를 통하여 나타나는 것이다. 웨이모티(Weymouty)는 그의 번역한 성경 가운데, 믿음이라고 하는 말을 '특수한 믿음'(Special Faith)이라고 번역하였다. 물론 그가 이렇게 번역한 것은 여기에 기록된 믿음과 구원의 믿음을 구별하기 위함일 것이다. 그런데 이 믿음이란 이것이 없이는 도저히 하나님을 기쁘시게 할 수 없는 하나님을 믿는 신앙을 가리킨다(히 11:6). 구원의 믿음을 가리켜 '선물'(gift)이라고 기록되어 있는 곳도 있다(엡 2:8). 그러나 이 성경 구절 속에서 의미하는 '선물'

이라는 말은 '*행위*'(works)에 대한 반대 개념으로 사용되었음을 쉽게 알 수 있다. 그러나 고린도전서 12:9에 사용된 '믿음'이란 말은 성령의 특수한 은사를 의미하는 것이다. 믿음의 은사의 역사에 대한 실례를 열왕기상 18:33~35과 사도행전 3:4에서 찾아 볼 수 있다. 믿음의 선물이란 그러면 무엇일까? 도날드 지(Donald Gee)는 이점에 대하여 다음과 같이 말하였다.

때때로 옛날의 신학자들은 믿음의 본질을 가리켜 '*기적의 믿음*'(Faith of Miracles)이라고 하였다. 이와 같은 믿음은 하나님이 종들이 어떤 위기에 처해 있을 때에 아주 강한 능력으로 임하기 때문에 이와 같은 믿음은 보통 하나님을 믿는 일상적인 믿음으로부터 뛰어난 것으로 저들의 영혼 속에 하나님에 대한 확실성을 주어 모든 것을 극복하고 이길 수 있게 한다. 아마 우리들이 주님께서 마가복음 11:22절에서 말씀하신 믿음의 본질도 이와 같은 것일 것이다. "하나님을 믿으라." 예수께서 한 겨자씨만큼의 믿음이 있어도 산을 옮길 수 있다고 말씀하실 때에 그 믿음이란 이와 같은 특수한 본질의 믿음을 가리킨 것일 것이다(마 17:20). 하나님을 믿는 신앙을 조금이라도 가지고 있을 것 같으면, 그는 어떤 이적이든지 베풀 수 있을 것이다!

믿음의 은사는 하나님께서 주신 능력으로, 하나님께서 자기의 목적을 반드시 이루실 것이라는 것을 신뢰하고, 흔들림이 없는 확신을 가지고, 하나님의 약속을 실천에 옮기는 은사이다. 이 은사를 가진 사람들은 하나님의 약속을 확신할 뿐 아니라 다른 사람들도 그런 확신을 가지도록 영감을 준다. 그들은 하나님의 능력을 전적으로 믿으며, 장애물을 극복하게 하시는 하나님을 확신한다. 그들은 하나님의 뜻과 목적을 신뢰할 수 있게 분명한 증거를 보여준다. 그들은 다른 사람들이 주저할 때에 하나님을 믿고, 순종하는 담대한 믿음을 가졌기 때문에 그리스도의 복음 사역에 발전을 가져온다. 그들은 자기들에게 필요한 것을 담대하게 간구하고, 하나님께서 채워주실 것을 확신하는 것이다.

믿음에서 진실로 중요한 것은 내가 믿음으로 고백한 것을 소유하기 위해 믿음을 표현하는 것이 아니라, 하나님께서 항상 소유하고 있으신 하나님의 계속적인 선물로서의 믿음이다. 믿음의 고백은 나의 뜻과 목적이 아니라, 하나님의 뜻과 목적에서 비롯되어야 한다. 하나님께서 우리에게 원하시는 믿음은 성령을 따라서 믿는 믿음을 가리킨다. 성령이 각자의 영혼에 깊이 임하셔서 감동하시는 믿음은 살아계신 하나님을 영혼 깊이 경험하게 하며, 환란 날에도 능히 견뎌내게 한다. 성령께서 주시는 은사로서의 믿음은 하나님께서 원하시는 믿음으로 우리가 열심히 구해야 할 은사인 것이다.

4) 신유의 은사들 (Gifts of Healing)

모든 '신령한 것들'(Spirituals)이 '카리스마타'(χαρίσματα, 은사들)라고 추론되지만, 실제적으로 이 용어는 오직 신유의 은사에만 적용 되었다고 하워드 어빈 교수는 주장한다. 헬라어에서 '은사들'(Gifts)과 '신유들'(Healings)은 모두 복수형이다. 이 사실은 서로 다른 질병에 대하여 다양한 신유의 은사들이 있음을 말해 주든지, 아니면 신유의 능력을 각각 행사하는 것은 다른 은사임을 암시해 주는 것이다.

신유의 은사는 병자들을 치료하고, 건강을 회복시키기 위한 수단으로써 초자연적인 방법으로 역사하는 하나님의 능력이다. 이 은사는 사람들의 전인 건강을 회복시키는 하나님의 수단으로 하나님께서 주신 능력이다. 이 은사를 가진 사람들은 하나님의 능력을 가지고 병든 자들을 고치며, 병 고침의 능력을 통하여 하나님의 복음을 확실하게 증거한다. 이 은사를 받은 사람들은 병 고침을 통하여 성경의 진리를 전달하며, 하나님의 영광을 드러낸다. 그들은 기도, 안수 또는 말씀으로 사람들의 병을 기적적으로 고친다.

예수 그리스도는 이 은사를 사용하셨던 최고의 본보기이다. 예수께서는 마태복음 9장 35절에 "모든 도시와 마을에 두루다니사 … 모든 병과 모든 악한 것을 고치셨다"고 했다. 예수께서는 자기를 만나기 위해 나온 모든 사람들을 치료하셨다. 어떠한 병자들도 병을 고치지 못하고 돌아갔다고 기록되어 있는 경우는 없다. 만약에 신유의 은사가 어떤 특정한 사람의 모든 병을 치료하는데 사용된다면, 그는 영원히 살게 될 것이다. 하지만 이 신유의 은사는 사람의 모든 병을 치료하지 않을 뿐만 아니라, 모든 경우에 병을 치료하는 것도 아니다.[47] 병자들을 위해서 위대한 기도의 직무를 감당하고 있는 대부분의 전도자들이나 목사들도 그 자신이 신유의 은사를 소유하고 있다고 말하지는 않는다. 예수께서 그에게 나아오는 모든 병자들을 치유시킬 때가 있었지만, 어느 경우에는 병자의 믿음의 부족으로 인하여 제한을 받으셨던 경우도 있다(마 13:58). 어떤 경우에는 기도해 주는 사람의 믿음에 의하여 병자가 치료되기도 하지만, 때때로 병자의 믿음이 더 중요하고 결정적일 수도 있다.

바울이 그 앉은뱅이에게 치료받을 만한 믿음이 있음을 분별한 후에, 그에게 일어서라고 명령한 것은(행 14:9~10) 믿음의 은사와 병 고치는 은사를 동시에 행한 것이다. 병자가 믿음을 소유해야 할 필요성은 병 고침 받기 원하는 사람에게 "*믿음을 세워주는*" 가르침이 크게 유익됨을 암시해 주고 있다. 신유의 은사는 하나님께서 그리스도의 몸의 어떤 지체에게 주신 특별한 은사로서, 자연적인 인간의 방법을 떠나서 하나님께서 병을 고치시고, 건강을 회복케 하시는 중개자로 봉사하는 역량이다. 이 은사는 고린도전서 12장 28절의 말씀에서 '*신유(healings)의 은사들(gifts)*'이라는 복수형의 말로 되어 있다. 이 복수형의 말은 각종 질병들에 대한 많은 종류의 은사가 있다는 것을 의미한다.

신유의 은사는 어떤 사람에게 병을 물리치는 초자연적인 능력을 주는 것이 아니라, 신유의 은사를 가진 사람은 하나님께서 사용하시는 통로에 불과한 것으로, 하나님께서 고치시기를 원하실 때에 그 사람을 통해서 역사를 나타내시는 것이다. 신유의 은사를 가진 사람들은 하나님께서 그 사람들을 통해서 어떤 병을 고치시기로 결정하지 않으시면 병을 고칠 수가 없다.

이 신유의 은사를 가진 사람이 하나님을 조종할 수 없다. 신유의 은사를 가진 사람은 하나님께서 사용하시는 통로에 불과하다는 것을 명심해야 한다. 이 은사는 가장 남용되면서도, 가장 많이 요구되는 은사 중의 하나이다. 그리고 사람들이 병 고치는 은사를 다른 어떤 은사들보다도 더 많이 원하는 까닭은 이 은사가 그토록 큰 표적이 될 만하게 나타나기 때문이다. 그러므로 이 은사는 선동적이고, 독선적인 치료가 될 위험성도 있다. 이 병 고치는 은사는 특히 주의해야 할 은사임을 말해준다.

성경은 믿는 자는 모든 것을 할 수가 있다고 말씀한다. 병도 믿음으로 고칠 수 있다는 말이 된다. 이는 자연적인 인간의 방법을 떠나서, 하나님께서 병을 고치시고, 건강을 회복시키시는 중개자로서 봉사하는 역량이다. 바클레이는 교회가 병을 고치는 은사를 완전히 잃을 때는 아직 한 번도 없었다고 말한다. 오늘날 일어나고 있는 최대의 사건은 교회가 이 은사를 재발견하고 있다는 것이라고 하였다. 신유의 은사를 가진 사람들은 하나님께서 그 사람들을 통해 어떤 병을 고치시기를 결정하지 않으시면 병을 고칠 수 없다. 신유은사의 주권은 하나님께 있으며, 하나님께서는 직접 또는 성도들의 기도의 응답으로 신유를 행하신다. 이 은사는 예수께서 생명의 주가 되심과 함께 복음 선포의 확증을 위하여 나타나는 은사이다.

요약하면 병 고치는 은사들이란 기도를 통하여 병든 자에게 초자연적인 방법으로 건강을 주시는 하나님의 능력을 행하는 것이다. 이 병 고치는 은사는 표적의 은사로서 사람들로 하여금 하나님의 복음을 주목하게 하는데, 특별히 가치가 있다(행 8:6, 7, 28:8~10). 이 병 고치는 은사를 가지고 있는 사람은 어떤 사람의 병이라도 다 고칠 수 있다고 생각할 수는 없다.

물론 병 고치는 은사를 행사하여 병자의 병을 고칠 경우에 우선 하나님께서 허락해야만 하고, 다음으로 병든 사람의 태도와 영적 상태를 고려해 넣지 않을 수 없다. 예수 그리스도께서도 사람들의 불신앙으로 말미암아 그의 신유의 능력을 베푸시는 일에 제한을 받았던 것을 볼 수 있다(마 13:58). 병자는 병 고치는 은사를 소유하고 있는 사람에게만 절대적으로 의존해야 하는 것은 아니다. 일반적으로 모든 신자들과 특별히 교회의 장로들은 병자를 위하여 기도할 능력이 있는 것이다(막 16:18, 약 5:14). 병 고침의 은사는 하나님께서 늘 함께 하셔야만 되는 것이다. 그러므로 믿는 자들은 누구든지 하나님께서 늘 함께 하시도록 기도해야 한다. 살아계신 주 예수는 성령을 통해 언제라도 병을 고치실 준비를 하고 계신다는 것을 명심해야 한다.

5) 능력 행함 (Operation of Miracles)

헬라어 '에네르게마타 뒤나미온'(Energemata Dunameon)의 번역으로서, [48] 이 말은 '초자연적인 능력 행함'의 뜻을 지닌다. 이것도 '병 고치는 은사들'처럼 복수형으로 표현되는데, 그렇다고 이 은사가 사람을 '기적의 산출자'로 만드는 것을 말하지는 않는다. 이러한 의미로 해석할 때, 이 은사를 각각의 기적 혹은 능력의 초자연적인 행사가 믿음의 은사와 더불어 역사되는 것으로 볼 수 있다.

이 은사는 초자연적인 하나님의 개입을 통하여 하나님의 사역과 메시지를 진정성 있게 만드는 하나님의 능력으로, 교회의 어떤 지체에게 이 은사를 주어 하나님께 영광 돌리게 한다. 이 은사를 가진 사람들은 다음의 특성들을 보여 준다. 하나님의 진리를 선포하고 뒤따르는 기적으로 그 진리를 증거한다. 하나님의 신실하심과 능력을 확신하고, 하나님의 현존을 증거한다. 능력으로 예수 그리스도의 사역을 수행하고, 그리스도의 메시지를 전달한다. 하나님이 기적의 하나님이심을 증거하며, 하나님께 영광을 돌린다. 사람들에게 그리스도를 전파하며, 기적의 은사를 통하여 그리스도와 친밀한 관계를 맺을 수 있도록 그들을 도와준다.

기적(Miracle)이란 지금까지 알려져 있는 과학적인 법칙과 명백히 모순되는 시간이나 행동으로서 초자연적인 요인, 특별히 하나님의 역사에 의한 것이라고 간주되는 것을 말한다.[49] 신약성경에서는 초자연적인 요인에 의한 사건을 '기사, 표적, 능력(또는 기적)' 등으로 칭하고 있다(행 2:22; 2:43; 6:8; 8:13; 히 2:4). 이처럼 '능력, 기사, 표적' 등으로 번역된 헬라어는 '뒤나메이스'(능력), '테라타'(기사), '세메이아'(표적) 등인데, 이것을 직역하면 "하나님의 능력으로 나타나는 일들", "경이감을 자극케 해주는 일"이라는 뜻이다. 여기서 '기사'(Wonder)란 용어가 독단적으로 결코 사용되지 않았음은 주시해 볼만한 가치가 있다. 이 용어는 '표적'(Sign)이란 말과 항상 함께 사용되었다.

하나님께서는 경이감을 자극시켜 주려는 목적만으로 결코 그의 능력을 나타내시지 않으시며, 그의 기적과 더불어 항상 그 무엇을 가르쳐 주시며, 지시해 주신다. 히브리서 2장 4절에 "하나님도 표적들과 기사들과 여러 가지 능력과 및 자기의 뜻을 따라 성령이 나누어 주신 것으로써 그들과 함께 증언하셨느니라"라고 말씀한다. 이처럼 능력행함의 은사는 초자연적인 기적을 행하시며, 자연과 만물을 다스리고 제어하시는 예수님의 능력이다. 이 은사를 감사함으로 받고, 예수님의 복음을 전하고, 억눌리고 고통 받는 자들을 예수 이름으로 구원하는데 아름답게 사용해야 할 것이다.

이 은사는 병 고치는 것 뿐 아니라 온갖 종류의 은사를 포함한다. 이 은사는 이적을 요구하는 온갖 상황에 두루 적용된다. 이적은 초자연적인 권능으로부터 오는 사건이며, 감각으로 느낄 수 있어야 하고, 결과적으로 그것을 행한 사람이 거룩하게 임명된 주의 종이라는 생각을 확고하게 하는 것이라고 할 수 있다(병을 지배하는 능력, 악마를 지배하는 능력, 자연을 지배하는 능력, 물질을 지배하는 능력, 사망을 지배하는 능력 등). 이 능력의 은사는 대체로 어떤 위험한 상황이 있고 나서,

II. 은사의 이해   73

그다음에 이적이 일어나며, 그 결과 그 위험했던 상황에서 벗어나게 되는 경우가 많다. 그리고 그 위험은 보통 몸과 생명에 대한 물리적인 위험을 수반한다.

이러한 능력행함의 은사는 사도시대와 마찬가지로 오늘날에도 선교지역에서 절실하게 요구된다. 왜냐하면 방해자들과 사람들의 우둔한 감각을 깨우쳐 주기 위해서는 하나님의 말씀의 명백한 확증이 필요하기 때문이다. 이 능력행함의 요지는 능력(Power)에 있다(요 14:12, 행 1:8). 에베소에서 행하여진 특별한 기적은 은사가 나타낸 좋은 실례가 될 것이다. 능력행함은 하나님만이 하실 수 있는 능력이고, 하나님의 일을 할 수 있는 능력인 것이다.

한편 능력행함 중에는 이적과 기사로 구분되는데, 이적은 믿는 자들에게 보편적이며, 그 나타남의 범위가 좁지만, 기사는 하나님 안에서 특이한 사건이며, 범위가 아주 넓다고 구별할 수 있다. 예를 들면 홍해가 갈라진 것은 기사이다. 엘리야가 3년 반 동안 비가 오지 않도록 하늘을 닫아버리는 것과 기도해서 비가 내리게 하는 것들은 기사이다. 이적은 우연이 아니며, 하나님의 수준에서 일어나는 사건이기 때문에 믿음 안에서는 보편적인 것이다. 이적이란 곧 기이한 일, 세상에서 일어나는 일과 다른 사건이라는 뜻이다. 그러므로 성경은 "믿는 자들에게 이런 표적이 따르리니"(막 16:17)라고 말씀하고 있다. 그러므로 성도의 생활에는 믿는 자에게 주시는 이적뿐만 아니라, 절대 필요에 따른 하나님의 기사도 행할 수 있는 뛰어난 믿음을 가져야 하겠다.

능력행함은 어떤 의미에서 예수의 시대에 하나님의 나라가 임한 표적이었다. 이러므로 예수께서 "그러나 내가 하나님의 성령을 힘입어 귀신을 쫓아내는 것이면 하나님의 나라가 이미 너희에게 임하였느니라"(마 12:28)고 말씀하셨다. 그러므로 최종적인 하나님 나라의 임함이 임박한 때에, 기적들은 다가올 시대의 능력이 현재 속으로 들어와 임하는 능력들로서 더욱 빈번하게 될 것이다.

6) 예언의 은사 (Gift of Prophecy)

예언이란 하나님의 계시를 이해하는 것이며, 과거의 것을 아는 것과 미래의 것을 예견하는 것이다. 예언의 은사는 구약의 선지자들에 의하여 활용되었으며, 그들은 현재의 사건들을 통하여 장래를 예견하면서, 현재에는 격려하고, 장래에 대하여는 경고하는 방식으로 예언했다.

바울은 예언을 하나님께서 교회를 가르치기 위해서 베푸신 가장 큰 은사중의 하나였으며, 교회를 신앙의 기초위에 세우며, 기적을 설명하고, 하나님의 영감의 확고부동한 기록의 말씀을 전달하는 것으로 인정했다. 신약성서에서 언급된 예언의 은사는 성경에서 그리스도에 대한 증거를 찾는 것으로 넓게 설명할 수 있다. 넓은 의미에서 성령의 은사로서 주어진 예언의 근본적인 직책이 다가올 미래의 일을 미리 말하는 것보다도 오히려 다분히 목회적인 것으로 죄를 책망하고, 잘못된 생활을 판단하며, 마음에 숨은 죄를 고함으로 하나님을 경배케 하고, 신앙의 덕을 세우며, 권면하며, 안위하여, 예수 그리스도의 몸 된 교회를 자라게 하는 데 있는 것이다.

예언의 은사는 하나님께서 그리스도의 몸의 어떤 지체에게 주신 특별한 역량으로서, 하나님의 즉각적인 메시지를 받아서 하나님의 백성들에게 하나님의 성별된 말로 전달하는 역량이다. 예언을 가리키는 헬라어의 의미는 그 기본적인 뜻에 있어서 *"말을 토하여 내다"* 혹은 *"다른 사람을 위하여 말한다"*라는 의미를 가지고 있다.

예언의 은사를 가진 사람들은 구체적인 상황 속에 있는 하나님의 목적이 무엇인지에 대한 개인적인 영감을 받는다. 그러나 이 예언의 은사를 가진 자들도 과오를 저지를 수 있다. 그러므로 예언의 은사를 가진 사람은 몸의 다른 지체에 의한 시정을 받을 수도 있다는 자세를 가지고 있어야 한다. 예언의 정의는 구약을 읽어 보면 더 잘 알 수 있다. 예언은 주 여호와 하나님께서 이렇게 하시겠다고 알려주시는 말씀들, 즉 예언의 은사를 받은 사람에게는 성령께서 많은 부분에 있어 하나님의 뜻을 알게 하여 주시는 것이다.

즉, 하나님의 뜻과 계획을 그 사람에게 알려 주시는 것이다. 그러나 하나님의 뜻과 계획을 모두 가르쳐 주시는 것은 아니다. 하나님께서 판단하셔서 우리에게 적합한 만큼만 가르쳐 주신다. 예언과 설교는 구별하지 않으면 안 된다. 설교란 이미 계시된 말씀을 연구하여 만들어 내는데 반하여, 예언은 즉흥적이요, 영적인 영감의 결과라고 할 수 있다. 예언으로 설교나 교훈을 대치할 것이 아니라, 영적 영감으로 설교나 교훈을 보충해야 한다.

오늘날의 교회에는 교사와 설교자가 있다. 교사는 과거 예언의 말씀과 그리스도의 생애를 통해서 성취된 사실을 정확하게 확인하고, 그것을 가르쳐 믿음을 성장시키는 자이다. 반면에 설교자는 예언자적 성격을 가지고 있다. 성령은 성도의 심령에 오셔서 과거의 일을 생각나게 하시고, 말씀을 깨달아 장래의 일을 알게 하시는 분이시다. 그런데 우리가 알아야 할 것은 성령은 기록된 말씀에서 벗어나지 않는 것이다. 그러므로 성령에 깊이 감동된 설교자는 예언자와 같다. 설교자는 교회에서 성령의 감동으로 예언자적인 사명을 잘 감당해야 한다.

예언의 은사를 통하여 나타나는 영감은 성경의 영감과 동등한 지위에 둘 수는 없다. 그렇기에 신자들은 예언의 메시지를 분별하라는 지시를 받고 있다(고전14:29). 왜 예언의 메시지를 시험해 보거나, 또는 분별하지 않으면 안 되는가? 그 한 가지 이유는 인간의 정신이(렘 23:16; 겔 13:23) 하나님의 예언의 메시지와 혼합될 가능성이 있기 때문이다. 데살로니가전서 5:19~22에 예언의 은사에 대하여 언급되어 있다. 보수적인 데살로니가 교인들은 예언의 메시지를 불신하는 데까지 이르러(20절) 저들은 성령을 소멸할 위험 속에 처해 있었다(19절). 그러나 바울은 저들에게 모든 예언의 메시지를 헤아려 좋은 것을 취하라고 권면하였다(21절). 그리고 불건전한 것은 모양이라도 버리라고 또한 경고해 주었다(22절).

성령은 하나님의 깊은 것이라도 통달하시는 분이시며, 하나님의 생각과 계획을 알고 계신다. 그래서 예언은 기독교에 있어서 대단히 중요한 용어이다. 예언은 하나님께서 이미 만세 전에 작정하신 뜻을 세상에 선언하는 것이다. 하나님은 그 예언을 천사들을 통하여 예언자들에게 알려 주시기도 하고, 또한 성령이 직접 예언하는 자들을 통해서 알려 주시기도 한다. 이와 같은 예언의 은사를 소유하고 있는 사람을 "예언자" 라고 한다(행 15:32, 21:9,10; 고전 14:29). 신약에 기록되어 있는 예언의 은사의 목적은 고린도전서 14:3에 명시되어 있다. 즉, 예언자는 신자들을 권면하고, 덕을 세우고, 안위하는 것이다.

구약성경에는 "여호와의 사자가 이르시되"라는 말씀들이 많이 있는데, 그것은 천사들을 통하여 장래의 일을 말씀한 것이다. 그런가 하면 성경 안에는 성령께서 교회들에게 하신 말씀도 많이 기록되어 있다. 선지자는 미래를 보았다. 선지자들이 환상 중에 미래를 보니 인간에게는 절망만 있는 것이 아니고, 멀리서 절망한 인간을 기다리는 희망인 그리스도를 보게 된 것이다. 그래서 선지자들은 절망 중에 율법의 보호를 받고 있는 자들에게 소망을 선언하였다. 선지자들은 그들이 본 장래의 소망을 예언한 것이다. 그리고 인류에게 복된 소식인 예수 그리스도께서 오셔서 선지자들의 예언을 성취하셨다.

예언의 중요성은 "… 신령한 것을 사모하되 특별히 예언을 하려고 하라"(고전 14:1)는 바울의 명령에 잘 나타나 있다. 고린도전서 14장 4절에는 "방언을 말하는 자는 자기의 덕을 세우고 예언 하는 자는 교회의 덕을 세운다"고 말씀한다. 그러므로 교회는 예언의 중요성을 알고, 성령이 교회에게 하시는 말씀을 들어야 한다.

예언은 성령의 말하게 하심을 따라 사람의 입을 통해 하나님을 대변하는 것이다. 예언의 말의 개념들과 단어들은 예언하는 자에게서 나오지 않고, 하나님께로부터 나온다. 그리하여 하나님은 특정한 상황 속에서 특별한 메시지를 당신의 백성들에게 전하시는 것이다. 그러므로 예언의 발생은 놀라운 것이다. 예언의 말씀의 목적은 덕을 세우고, 권면하고, 그리고 안위하는 것이다. 우리는 예언의 말씀의 목적대로 하나님의 음성이 당신의 백성들에게 들려짐으로써 그들이 교화 받을 수 있도록 예언의 은사를 활용해야 할 것이다.

7) 영들 분별함 (Discerning of Spirits)

이것은 헬라어 '디아크리세이스 프뉴마톤'(Diakriseis Pneumaton)에서 부터 유래되었다. 헬라어 '디아크리시스'(Diakrisis)는 "분별한다", "식별한다" 혹은 "구분한다"로 정의된다. 그 동사의 형태가 히브리서 5장 14절과 고린도전서 6장 5절과 고린도전서 11장 29절에서 "분변하다", "판단하다"의 의미로 사용되었다. "영들을 분별하는" 은사는 사람을 판단하는 것이 아니라, 현상적으로 나타나는 것, 즉 배후의 영이 성령인지, 악령인지, 사람의 영인지를 분간하는 것이다.[50]

이 은사를 사용하면서 성령의 은사에 따른 분별이 반드시 있어야 한다. 영분별의 은사는 하나님께서 나누어 주시는 능력으로 넓게는 진리와 거짓을 분별하고, 영들을 분별하며, 선과 악 그리고 옳고 그름을 분간하는 은사이다. 이 은사를 가진 사람들은 거짓으로부터 진리를, 그릇됨 가운데서 옳은 것들을, 그리고 더러운 것들 가운데서 순결한 것들을 구별해 낸다. 그들은 다른 사람들 속에 있는 속임수들을 정확하고 합당하게 발견해 낸다. 그리고 그 말이 합당한 것인지 결정한다. 그들은 가르침과 예언과 설교와 해석 등에 숨겨진 불일치를 깨닫는다. 그리고 그들은 악의 현존을 감지하는 능력을 가지고 있다. '영분별 하는 일'은 또 하나의 특별한 은사이다. 이것은 사람을 분별하는 것이 아니라 영들을 분별하는 것이기 때문이다. 이 은사는 교회가 거짓 예언자들에게 속아 넘어가는 것에 대비하여, 하나님께서 보호하시려고 주시는 것이다. 영분별의 은사는 성령의 초자연적인 역사로 영의 출처를 분별한다. 영을 분별하는 은사가 임하면 그 사람의 말을 들어보지 않아도, 그 사람을 보기만

해도 그 영의 출처를 아는 것이다.

어떤 행동이 정말 하나님께로부터 나온 것인지, 인간에게서 나온 것인지, 혹은 사탄에게서 나온 것인지를 확실히 알 수 있도록 해 주는 것이다. 이 은사는 모든 시대에 거쳐 거짓 교사들이면서, 천사의 빛을 띠고 변형한 사탄의 간계에서 교회를 보호하는 것이므로 오늘날에도 이 은사는 확실히 필요하다. 영분별의 은사는 분명히 선해 보이는 행동이 실제로는 사탄의 행위라는 것을 알 수 있으며, 그리스도인의 어떤 행동이 신앙적인 동기에서 나온 것인지, 육신적인 동기에서 나온 것인지를 분별하고, 진리와 비 진리를 구별해 내는 초자연적인 역량이라고 할 수 있다.

우리는 거짓된 영감이 존재할 수 있다는 것을 보아 왔다. 즉, 거짓된 영감이란 인간 정신과 미혹케 하는 영들의 작용을 말한다. 어떻게 인간이 참된 영감과 거짓된 영감을 구별할 수 있을까? 영들 분별하는 은사를 받은 사람은 예언자가 말하는 내용이 하나님의 성령에 의한 것인지, 그렇지 않은지를 분별할 수 있는 것이다. 이와 같은 은사를 받은 사람은 모든 외형상의 현상을 관찰할 수 있으며, 또한 영감의 참다운 본질을 알 수 있는 것이다. 영들 분별의 은사는 교리적 면에서(요일 4:1~6), 실제적 면에서(마 7:15~23) 잘 검토되지 않으면 안 된다.

이와 같은 은사의 역사에 대한 실례를 성경에서 찾아 볼 수 있다 (요 1:47~50, 3:1~3, 2:25; 왕하 5:20~26, 행 5:3, 8:23, 16:16~18). 이와 같은 성구들은 영분별의 은사를 갖고 있는 사람은 어떤 사람의 영적 특징을 분별할 능력이 있다는 점을 암시해 주고 있다. 영분별의 은사와 인간성에 대한 통찰력과는 구별되어야 한다. 특별히 영분별의 은사와 타인의 결점을 찾아내려는 정신과는 엄격히 구별되어야 한다. 성령은 진리의 영이시다. 그러므로 성령은 진리에 속한 것과 거짓을 분별하신다. 성령에 깊이 감동된 자들에게 하나님은 진리를 분별할 능력을 주시는데, 신앙생활 중에 진리를 분별할 수 있는 능력도 주신다.

영분별의 은사를 받은 자는 순간적으로 상대방의 영적 상태를 알 수가 있다. 베드로는 사마리아의 마술사 시몬에게 "내가 보니 네 속에 악독이 가득하다"라고 하면서 시몬의 영을 분별해 냈다. 사도 요한은 영분별의 중요성을 다음과 같이 강조하였다. "사랑하는 자들아, 영을 다 믿지 말고 오직 영들이 하나님께 속하였나 분별하라(요일 4:1)" 그러므로 우리는 성령으로 영 분별하는 은사를 받아야 한다. 사람의 눈은 속일 수 있지만, 성령께서 주신 영분별의 은사를 받은 자를 속일 수는 없다. 우리는 성령께서 주시는 영분별의 은사를 간구해야 하겠다.

이 같은 영분별은 오직 성령으로만 가능하다. 이 은사는 공동의 유익을 위한 것이므로 그리스도인 공동체 내에서 어떠한 표현과 행위로 역사하는 영을 특별히 식별할 수가 있는 유익이 있다. 우리가 사는 시대는 신비주의, 마술, 강신술 등이 늘어가고, 마귀의 세력은 이러한 것들 속에 역사하고 있으므로 더욱 영적인 분별이 필요한 시대이다. 초자연적인 기적이 일어날 때, 그것의 근원과 성격은 반드시 영적으로 분별되어야 하는 것이다. 교회에서 능동적인 사역 은사들의 중심이 되는 영분별의 은사를 간구하고, 교회에 유익되게 활용해야 할 것이다.

8) 각종 방언을 말함 (Kinds of Tongues)

방언은 초기 오순절운동 시대의 중요한 특징이었다. 방언은 늦은비 시대에 복음화를 위해 주어진 사도적 능력의 회복으로 받아들여졌다. 그리고 성령세례의 첫 증거로서 인식되었다. 방언 말함은 성령을 체험하는 최초의 증거로서 중요시 되었다. 방언의 은사는 본인이 알지 못하는 언어로 이야기하고, 예배를 드리고, 기도하는 능력으로 하나님께서 교회의 어떤 지체에게 주시는 은사이다. 이 은사를 가진 사람들은 다음의 능력을 보여준다. 통역의 은사의 도움으로 그리스도의 몸인 교회에게 꼭 필요한 하나님의 메시지를 받는다. 교회에 덕을 세우는 성령의 음성을 교회에 전달하며, 통역의 은사의 도움을 받아야 한다. 교회를 위해 하나님이 주시는 메시지를 전달한다. 자기들이 배운 바도 없고, 이해하지도 못하는 언어를 이야기한다. 너무 마음 깊이 있어서 이해하지 못하는, 알지 못하는 말로 주님께 예배 드린다. 하나님과 친밀함을 경험하며, 다른 사람들에게 하나님을 섬기고 덕을 세울 수 있게 영감을 제공한다.

각종 방언을 직역하면 '방언의 종류들'(Kinds of Tongues)이 된다. 이는 헬라어 '게네 글로손'(Gene Glosson)에서 나왔으며, 이 용어는 의심할 여지없이 '새 방언들'과 '사람과 천사의 방언들'이 있다는 사실을 말해 주는 것이다(고전 13:1). 어떤 방언은 오순절 날의 경우에서와 같이 인간의 언어들이었으며, 어떤 방언은 하늘에 그 기원을 둔 영으로 찬양하며, 기도하는데 사용되어지는 방언이다(고전 14:2; 롬 8:26, 27). 후자의 방언에 대하여 성경은 방언을 말하는 자는 하나님께 말하고, 비밀을 말하므로 그것을 알아들을 자는 아무도 없다고 말씀하고 있다.

방언에는 두 가지가 있는데, 외국어를 말하는 방언과 고린도전서 12장~14장에 나타난 하나님께 기도할 때 사용하는 방언이 있다. 방언은 마음의 기능, 즉 마음의 기도, 마음의 찬미, 마음의 비밀을 하나님께 말하는 언어이다. 방언은 자신이 결코 배운 적이 없는 언어를 말하는 외국어 방언('제노랄리아')과 개인적인 경건생활을 위해 사용되는 성령의 은사로서의 방언('글로솔라리아')이 있다.

즉, 표적으로서의 방언인 '제노랄리아'와 은사로서의 방언인 '글로솔라리아'로 구분할 수 있다. 방언의 은사는 결코 배워서 알 수 없는 언어로 초자연적으로 말할 수 있는 능력이다. 방언 통역의 초자연적 은사를 받은 사람들만이 이 방언의 내용을 알 수 있다. 은사(Gift)로서의 방언과 표적(Sign)으로서의 방언을 구별해야 한다. 표적으로서 방언은 모든 사람들을 위한 것이요(행 2:4), 은사로서의 방언은 모든 사람들을 위한 것은 아니다 (고전 12:30). 표적으로서의 방언인 '제노랄리아'는 사도행전 2장의 오순절 날의 성령강림 사건에 나타난다. "그들이 다 성령의 충만함을 받고 성령이 말하게 하심을 따라 다른 언어들로 말하기를 시작하였다"(행 2:4). 오순절날에 임한 방언은 외국어 방언으로 그 곳에 모인 사람들에게 표적으로 기능하였다. 그 곳에 모인 사람들이 이로 인해 "다 놀라며 당황하여 서로 이르되 이 어찌된 일이냐 하며 또 어떤 이들은 조롱하여 이르되 그들이 새 술에 취하였다"(행 2:12, 13)고 말하였던 것이다.

은사로서의 방언인 '글로솔라리아'는 고린도전서 12장과 14장에 나타난다. 방언은 성령의 은사로서 하나님과 영적으로 교통하는 통로로서 기능한다. 로드만 윌리엄스는 방언은 하나님과의 최상급의 교제라고 말한다. 방언은 하나님께 깊은 비밀을 말하는 기도(고전

14:2)이며 찬양이다(고전 14:15). 고린도전서 14장 2절에 "방언을 말하는 자는 사람에게 하지 아니하고 하나님께 하나니 이는 알아듣는 자가 없고 영으로 비밀을 말함이라"고 기록되어 있다. 이것은 방언이 우리와 하나님 사이에 대화할 수 있는 기도의 언어로 기능하고 있음을 보여준다. 또한 고린도전서 14장 15절에 "… 내가 영으로 기도하고 또 마음으로 기도하며 내가 영으로 찬송하고 또 마음으로 찬송하리라"고 말씀하고 있다. 여기서 "영으로 찬송"한다는 말은 "방언으로" 찬양하는 것을 의미한다고 하워드 어빈 박사는 해석한다. 즉 방언으로 하나님께 찬양하며 예배드린다는 것을 뜻한다. 이처럼 은사로서의 방언은 개인기도로서 자기의 덕을 세우며, 방언 찬송을 통해 하나님께 예배드리는 기능을 하게 됨을 알 수 있다. 방언은 성도들의 기도와 찬양을 위해 주어졌다.

방언은 다른 은사들과 마찬가지로 교회의 유익을 위해 주어진 것이다(고전 12:7). 방언은 개인적 기도로서 개인의 덕을 세우며, 통역을 통해 신앙 공동체에 유익을 줄 수 있으며, 믿지 아니하는 불신자들에게 표적이 된다. 방언은 하나님의 임재의 체험인 동시에 하나님과 영적으로 교통하는 하나의 방법이기에, 실제로 방언을 말하며 기도하는 사람의 신앙 성장에 큰 도움을 줌으로서 개인의 덕을 세울 수가 있다. 그래서 바울은 고린도전서 14장 4절에서 "방언을 말하는 자는 자기의 덕을 세운다"고 말씀하고 있다.

또한 방언은 통역의 은사를 통해 예언과 동일한 효과를 나타내므로 신앙공동체에 덕을 세우게 된다. 고린도전서 12장 30절에서 바울 사도가 "다 방언을 말하는 자이겠느냐?"라고 질문한 것은 성령세례의 첫 증거로서의 방언들에 대하여 언급한 것이 아니고, 통역이 수반되는 회중적인 은사에 대하여 언급한 것이다. 모든 사람이 방언을 받을 수는 없지만, 모든 사람이 성령 세례의 증거로서 방언을 받는다.

공중 앞에서 방언을 말할 때는 반드시 통역이 수반되어야 한다. 만일 방언을 말하는 자가 통역하는 자의 참석 여부를 알지 못할 때에는 그는 잠잠해야만 하며, 이처럼 회중을 위한 방언의 은사를 소유한 사람은 방언 통역의 은사를 소유할 수 있도록 기도해야만 한다(고전 14:13, 28). "예언하는 자는 교회의 덕을 세운다"(고전 14:4)고 말하며, 바울은 "나는 너희가 다 방언 말하기를 원하나 특별히 예언하기를 원하노라…"(고전 14:5)고 교회 공동체를 위한 예언의 중요성을 강조했다. 즉, 교회 전체의 덕을 세우기 위해 개인적 방언보다는 방언 통역을 통한 예언을 강조하고 있는 것이다. 방언에 통역이 뒤따른다면 방언은 예언과 동일한 효과를 갖게 됨으로써 교회 전체에 덕을 세우게 되는 것이다.

방언과 예언을 비교해서 사도 바울은 말하기를 방언은 사람에게 하지 아니하고 하나님께 하는 것, 예언은 하나님에 대하여 하는 것이 아니라 사람에 대하여 한다고 했다. 방언은 하나님의 비밀을 말하고, 예언은 교회의 덕을 세운다. 방언은 자기의 덕을 세우기 위한 것이나, 예언은 교회의 덕을 세운다. 교회 안에서 방언을 하거든 반드시 통역을 세워 성령으로부터 받은 방언의 내용을 밝혀 교인들에게 덕이 되도록 하라고 한다. 방언은 믿지 않는 자들에게 성령의 은사를 알려주는 표적이나, 예언은 믿는 자들을 위해서 하는 것이다. 그리고 바울은 예언하기를 사모하고 방언하기를 금하지 말라고 한다.

방언은 또한 믿지 않는 자들에게 표적이 된다. 바울은 고린도전서 14장 22절에서 "…방언은 믿는 자들을 위하지 아니하고, 믿지 아니하는 자들을 위하는 표적…"이라고 말씀한다. 방언은 불신자들에게 표적이 된다. 오순절 날에 나타났던 방언은 거기에 모인 많은 사람들에게 표적이 되었고, 많은 사람들을 회개하고, 구원받는 길로 이끌었다. 마가복음 16장 17절에 "믿는 자들에게는 이런 표적이 따르리니 곧 그들이 내 이름으로 귀신을 쫓아내며 새 방언을 말하며"라고 말씀하면서 표적으로서의 방언을 언급하고 있다. 방언은 믿는 자에게 나타나는 표적이 되며, 방언은 또한 불신자들에게 표적이 되는 것이다.

방언은 정상적인 발성기관이 사용되기는 하되, 의식은 전혀 활동하고 있지 않은 상태에서 성령에 의해 영감을 받은 언어이다. 피터 와그너는 방언에 대해서 이렇게 말한다.

> 하나님께서 그리스도의 몸의 어떤 지체에게 주신 특별한 역량으로서 자신들이 배우지 않은 언어로 하나님께 말하는 역량이고, 하나님의 즉각적인 메시지를 받아서 자신들이 배우지 않은 언어를 하나님의 성별된 말을 통하여 하나님의 백성들에게 전달하는 역량이다.

방언은 결코 배워서 알 수 있는 언어가 아니라, 성령에 의해 초자연적으로 말할 수 있는 신비한 언어이다. 사도시대에 대부분의 교회에 나타났던 방언은 20세기 초에 오순절 운동이 일어나면서 점차 보편화되어 가면서 확산되고 있다. 오순절주의자들에게 방언은 성령세례의 첫 증거로서 받아들여지며, 방언은 개인기도와 찬양으로 개인의 덕을 세우고, 통역이 되는 방언은 예언으로서 교회의 덕을 세우며, 또한 믿지 않는 사람들에게 유익한 표적이 될 수 있으므로 특별히 중요하게 평가되는 은사이다. 그러므로 우리는 방언의 은사를 추구하며 활용해야 한다. 전통적 보수 교회에서는 방언을 주장하지 않는 것이 현 실정이다. 그러나 방언은 예수 그리스도를 믿어 구원받은 하나님의 자녀는 누구나 방언의 은사를 받을 수 있다. 은사를 받고자 하는 사모하는 마음으로 기도할 때, 자신의 생각이나 선입견을 모두 버리고, 자신의 마음과 입술을 온전히 성령님께 내어 드려야 한다.

가식적인 믿음이 아니라, 지금도 살아 역사하시는 주님을 믿음으로 바라보고 기도할 때, 성령의 역사하심으로 나타나는 것이다. 방언은 성경적 은사이며, 계속해서 강조되며 사용되어야 할 귀중한 성령의 은사이다. 방언은 오늘날에도 계속되고 있는 은사이다. 바울은 방언 은사의 사용을 권면 하였다. "그런즉 내 형제들아 예언하기를 사모하며 방언 말하기를 금하지 말라"(고전 14:39)고 말씀하였다. 성령의 은사로서 방언은 앞으로도 계속 간구되고, 사용되어야 한다.

9) 방언 통역 (Interpretation of Tongues)

이 방언 통역의 은사는 방언이 공동체에 활용되도록 하기 위해서 사용되는 보조적 역할을 하는 은사이다. 방언은 통역의 은사가 있을 때에 공동체의 유익을 가져온다. 그러므로 방언 통역의 은사는 반드시 방언의 은사와 결합된 은사로 나타난다. 고린도 교회에서 방언 통역을 받은 사람은 많지가 않았기에 방언보다는 방언 통역이 더욱 필요로 했다. 특히 방언 통역이 없이는 방언을 할 수 없고, 권면과 예언의 말씀을 들을 수도 없었다. 그러므로 이 방언 통역은 방언의 가치를 드러내 준다.

방언 통역의 은사는 방언하는 사람을 통해서 교회에 주시는 하나님의 메시지를 해석해 주는 은사로 하나님께서 교회를 위하여 어떤 이들에게 주시는 은사이다. 이 은사를 받은 사람들에게는 다음의 특징들이 나타난다. 방언을 통역함으로 방언을 통해 주시는 하나님의 메시지를 알게 한다. 기적적인 방언 통역을 통해서 하나님의 능력을 드러내고, 하나님께 영광 돌린다. 하나님께로부터 오는 메시지를 통역함으로 하나님의 교회에 덕을 세운다. 배우지 아니한 언어를 이해하고, 그리스도의 교회에 하나님의 메시지를 전달한다. 교회를 위해 방언을 통역하여 예언적인 하나님의 음성을 듣게 한다. 피터 와그너는 이 방언 통역에 대해서 이렇게 정의한다.

> 방언 통역의 은사는 하나님께서 그리스도의 몸의 어떤 지체에게 주신 특별한 역량으로서, 방언으로 말하는 사람의 메시지를 일상어로 알려 주는 역량이다.[51]

아놀드 비틀링거는 방언의 통역에 대해서 이렇게 말한다.

> 방언의 통역의 은사는 예배를 드릴 때 방언기도를 할 수 있게 하고, 또한 그 기도에 의미를 부여해 주는 보충적인 은사이다.

여기서 방언을 통역한다고 하는 것은 방언기도를 정확히 해석한다거나 거기에 주석을 붙인다는 것이 아니라, 그 근본 내용을 모국어로 제시해 준다는 것이다. 방언으로 기도하는 사람은 하나님께 말하는 것이다. 따라서 그것을 통역하는 사람은 그 해석을 하나님께로부터 받는다. 통역의 은사가 실제적인 의미를 갖게 되는 것은 교회 내에서이다. 방언의 기도는 통역의 은사를 통해서만 교회 내

에서 의미를 갖게 된다.[52]

'통역'(Interpretation)이란 말은 헬라어 '헤르메네이아'(hermeneia)를 번역한 것인데, '헤르메네이아'(hermeneia)에서부터 영어 단어 '허메뉴틱스'(Hermeneutics: 해석학)가 유래되었다. 이 헬라어에는 '번역'(Translation), '설명'(Explanation) 및 '통역'(Interpretation) 등의 몇 가지 의미가 있다. 이 단어의 동사 형태는 '번역'의 의미로 사용되었다(요 1:38, 42, 9:7; 히 7:2). 명사 형태인 '헤르메네이아'(hermeneia)는 고린도전서 12장과 14장에서만 나타나는데, 이곳에서 이 단어는 영적 은사에 관하여 사용되었다. 방언을 통역함의 근본적인 의미가 '설명'(Explanation)이나 '해석'(Interpretation)의 개념을 제시해 주기 때문에 방언 통역을 말 한마디 한마디를 통역(Translation)하는 것이 아닌, 오히려 그 의미(Meaning)를 설명해 주는 것으로 생각해야 할 것이다.[53]

방언 통역은 대중 집회에서 방언으로 한 말을 해석하는 역할을 한다. 한 사람이 방언으로 말하거나 노래하면, 자신이나 다른 사람이 성령에 의하여 그 말의 의미를 받아서 해석하는 역할이다. 도날드 지(Donald Gee)는 방언 통역에 대하여 다음과 같이 말하였다. 방언 통역의 은사의 목적은 방언하는 곳에 모인 대부분의 사람들이 알지 못하는 황홀하고 영감 된 언어인 방언을 해석하는데 있다. 이와 같은 방언하는 곳에 모인 사람들이 알아들을 수 있는 일상적인 언어로 방언을 통역함으로써 모든 사람들은 방언의 내용을 알게 되는 것이다.

방언 통역의 은사는 순전히 영적 은사이다. 방언이란 인간의 지성을 통하여 표현되는 언어라기보다는 성령으로부터 유출되는 언어이다. 그런데 이와 같이 방언을 통역하도록 영감을 주시는 것이다. 그러므로 방언 통역도 영감적이요, 순간적이요, 신비한 은사이다. 방언이란 결코 인간의 이성으로 이해할 수 없는 것이므로, 방언 통역도 역시 인간의 지성에서 오는 것이 아니라 성령으로부터 오는 것이다. 방언의 은사를 받은 사람이 통역의 은사를 받는다고 그린(Green)은 주장한다. 방언 통역은 통역한 그 사람의 신앙상태, 기도생활, 하나님과 영적교통의 깊이 정도 등에 크게 좌우된다고 말한다. 뿐만 아니라 어떤 때는 통역하는 사람의 개인적인 생각, 혹은 마귀의 훼방 등도 영향력을 미치기 때문에 주의해야 함을 환기시켜 주고 있다.

C. 섬김의 직책자의 은사 (엡 4:11)

에베소서 4장 11절에는 섬김의 직책을 맡은 사람들을 언급하고 있다. "그가 어떤 사람은 사도로, 어떤 사람은 선지자로, 어떤 사람은 복음 전하는 자로, 어떤 사람은 목사와 교사로 주셨으니" 여기에서 바울은 '도마타'(선물들)를 교회의 사역들과 연관시켜 말씀하고 있다. '도마타'는 어떤 사건이나 기능이나 봉사의 사역 자체를 의미하지 않고, 직책을 맡은 사람을 가리키고 있다. 즉, 섬김의 직책을 소지한 사람들인 사도, 선지자, 복음 전하는 자, 목사와 교사를 언급한다. 성령의 은사들은 성도들의 몸 안에서 사역을 하기 위함이라는 것을 보여준다. 이 은사의 특징은 직임이다. 바울은 예수 그리스도의 권위 아래서, 그리스도의 목적을 위해서 이 은사가 사용되어야 한다고 했다. 각 은사를 하나씩 살펴보자.

1) 사도직 (The Apostle)

사도는 헬라어로 '아포스톨로스'(ἀπόστολος)로 '위임자', '전달자', '발송자'를 의미한다. 예수님을 직접 목격하고, 부르심을 받아 복음 전파를 위하여 파송된 자를 말한다. 하나님께서 그리스도의 몸의 어떤 지체에게 주신 특별한 역량으로서, 특히 영적인 일에 놀라운 권위를 가지고, 교회들을 다스리는 지도자직을 맡아 실행할 수 있는 역량이라고 보고 있다.[54] 그리고 여기에서 말하는 영적인 일에 놀라운 권위란 교회의 여러 가지 일들이나 그룹들을 감독하고 지도하는 능력과 책임을 가지며, 평가되는 영적 권위를 말한다.[55]

신약 성경에 최초의 사도는 예수의 열 두 제자였고(마 10:2; 눅 6:13), 바나바(행 14:14), 실라와 디모데(행 18:5), 야고보(고전 15:7), 바울(롬 1:1), 안드로니고와 유니아(롬 16:7) 같은 사람들이 사도들로 불렸다. 교회에서 이 사도의 직분은 좁은 의미로는 사라졌다고 볼 수 있으나, 넓은 의미로는 아직도 남아 있다. 이 사도적 은사는 오늘날에도 선교의 은사로서 유지되고 있다.[56] 사도의 은사에 대해서 바울이 언급되면서 사도의 직무에 대해서 원초적인 은사와 이차적인 은사로 구분하기도 한다. 이 이차적인 은사는 12사도와의 업무가 같은 것으로 보고 있어서, 오늘날에도 지속적으로 남아 있다고 보는 것이다. 이 은사는 새로운 교회나 사역 구조를 개발하고 지도하며 감독하는 능력, 새로운 사역들이나 교회들을 주도하고 설립함, 문화적인 민감성과 문화적인 감각을 가지고 새로운 환경에 적응하는 능력, 다른 지역이나 다른 나라에 사는 불신자들에게 교역하고 싶은 욕망을 가짐, 교회의 사역들이나 그룹들을 감독하고 지도하는 능력과 책임을 가짐, 교회의 선교에 대한 권위와 비전을 보여준다.

오늘날 성경에서 말하는 열 두 사도나 바울과 바나바 같은 사도 집단은 없다. 그러나 부활하신 예수 그리스도를 만난 자들로써 복음 전하는 증인으로 살라는 부름을 받았다. 사도적 권위를 가진 자는 없지만, 그리스도의 부활을 증거하는 사도적 삶을 살아야 할 사명은 모두에게 있다. 각자에게 주신 은사를 활용하므로 어디에서든지 복음을 전하는 사역이 계속되어야 한다.

2) 선지자 (Prophet)

선지자는 예언의 은사를 행사했을 뿐만 아니라, 사도들과 더불어 지도자의 역할을 감당한 사람들이었다(행 11:27; 13:1~3; 15:32; 엡 2:20; 3:5). 초대 교회에는 두 분류의 선지자들이 있었다. 일반적인 신자일지라도 예언의 은사를 통하여 덕을 세우며, 권면하며, 위로해 주는 일을 행할 때, 그를 선지자로 불렀던 것이다(고전 14:24, 31).[57] 예언의 은사는 진리를 드러내고, 그 진리를 시의 적절하게 그리고 합당하게 선포하여, 이해와 교정과 회개와 덕을 세우는 일을 하는 은사로 하나님께서 교회의 덕을 세우기 위해 교회의 어떤 지체에게 주시는 하나님의 능력이다.

이 은사를 가진 사람들은 다음의 특징을 나타낸다. 즉 화해와 덕을 세우려는 목적으로 다른 사람들의 죄와 거짓을 드러내고, 확신과 회개와 덕을 세우기 위하여 하나님으로부터 내려오는 시의 적절한 말씀을 선포한다. 다른 사람들이 자주 간과해 버리는 진리를 보고, 그 진리에 응답하도록 사람들에게 도전을 주고, 회개가 없을 때에 하나님의 즉각적이거나 미래적인 심판을 선포하여 사람들을 경고하고, 경험을 통해서 하나님의 심정과 마음을 이해하고 사람들에게 전달하는 기능을 수행한다.

선지자, 다른 말로 하면 예언자들은 예언의 은사를 받아 행하는 자들을 말한다. 예언자란 헬라어로 '프로페테스'(προφετης)라 하는데, 이것은 구약의 예언자란 말에 뿌리를 두고 있다. 구약의 예언자란 '사람 앞에 말하는 사람'이란 뜻이다. 구약학자 올브라이트는 '하나님에 의하여 부름을 받아 하나님을 위하여 말하는 자'라고 정의하였다.[58]

그러나 신약에서는 선지자를 구약과는 달리 복음을 전하는 자들이라고 본다. 바울은 예언의 은사에 대하여 "…*예언하는 자는 사람에게 말하여 덕을 세우며 권면하여 위로하는 것이요*"라고 정의하였다(고전 14:3). 예언의 은사는 고린도전서 14장 4절에 의하면, 분명히 교회의 덕을 세워야 한다. 교회의 덕을 세운다는 것은 무엇보다도 복음의 비밀을 밝혀 예수 그리스도를 받아들이도록 '*권면하고*', 구원의 '*안위*'를 얻도록 하는 것을 의미한다. 초대교회에서는 예언의 은사로 미래사를 예언하는 사람도 있었지만, 넓은 의미에서 예언의 은사의 주된 활동과 핵심 활동은 복음의 비밀을 밝히는 것이다. 그들은 사도들과 함께 교회를 세우고, 말씀을 전달하는 과업에 동참하였다.

3) 복음 전도자 (Evangelist)

복음 전도자는 에베소서 4장 11절에 "*복음 전도하는 자*"로 명시되어 있다. 그 원어는 '유앙겔리스타스'(εὐαγγελιστας)로서 "복음을 전한다"는 동사에서 명사화 된 것이다. 이 말은 "*좋은 소식을 선포하는 자*"로 정의된다.[59] 복음을 전하는 자란 복음을 '증거하는 일', 특히 구원의 메시지를 증거하는 일에 전적으로 자신을 드려 헌신하는 사람이다. 이는 예수 그리스도를 구원의 주로 선포하는데 있어서 뛰어난 성령의 능력을 받은 사람을 말한다. '복음을 전하는 자'라는 용어는 신약 성경에 세 번 사용 되었다(행 21:8; 엡 4:11; 딤후 4:5). 그러므로 복음을 전하는 은사는 하나님께서 그리스도의 몸의 어떤 지체에게 주신 것으로 불신자들에게 예수 그리스도를 전하는 것이다.

이 불신자들이 회개 하고, 예수의 제자가 되기까지 지도하고, 이끄는 능력이 요청되는 은사인 것이다. 이 은사는 말씀의 은사 중에서 가장 근본적인 것이다. 복음전도의 중요성은 이것이 삼위일체 하나님의 지상 명령이란 사실에서 잘 나타나고 있다. 하나님의 궁극적 소원은 인류의 구원이다. 복음전도는 사람의 재능이나 능력으로 이루어지는 것이 아니라, 성령의 힘으로, 성령의 은사로 되는 것이다.

4) 목사 (Pastor)

에베소서 4장 11절에 "그가 어떤 사람은 사도로, 어떤 사람은 선지자로, 어떤 사람은 복음 전하는 자로, 어떤 사람은 목사와 교사로 삼으셨으니"라고 했다. 문법적 구조를 볼 때, 목사직의 은사는 신자 공동체의 영적 발전에 대한 책임을 장기간에 걸쳐 감당할 수 있는 영적 능력을 말한다. 성서를 통하여 목사란 말은 에베소서에만 나온다. 초대 교회시대에는 집사, 장로, 감독 등의 성직은 제도화되어 있었으나, 목사는 아직 뿌리를 내리지 못하고 있었다는 점과, 또 아무리 목사가 많아도 그 직책상 한 교회에 한 두 사람 이상은 있을 수 없다는 점을 짐작할 수 있다.

목사란 원어는 '포이메나스'(ποιμενας)란 명사로서 '포이멘'(ποιμην, 목양)에서 나온 말이다. 영어의 목사(Pastor)는 'Pasters'(보호한다), 'Pasture'(기른다)에서 유래되었다. 목사란 말은 어원상으로 볼 때, 양치는 일과 깊은 관계가 있다. 목자가 양떼를 잘 보호하고, 좋은 꼴과 물로 잘 길러야 하는 것처럼, 목사는 사람들의 영혼을 잘 보호하고, 말씀으로 잘 길러야 한다. 신구약을 통해 성서에도 적어도 82회 이상 목자란 말이 쓰이고 있는데, 이 중 일곱 번이 예수에 관하여 쓰였다. 성경은 예수를 '양의 목자', '영혼의 목자와 감독'이라고 부르고 있다. 목사의 은사의 3가지 사명은 '인도하는 것'(To Guide), '꼴을 먹게 하는 것'(To Feed), '보호하는 것'(To Guard)이다. 또한 목자장 되시는 예수님 아래서 가르치는 일, 양육하는 일, 상처를 치료하는 일, 연합을 증진시키는 일, 사람들로 하여금 은사를 사용하게 돕는 일, 그리고 그밖에도 사람들이 믿음 안에서 지속하고, 영적 생활에서 자라도록 하는데 필요한 온갖 일에 책임을 감당하는 사람이다.[60]

이 은사는 사람들이 계속적으로 영적으로 성장하고, 그리스도를 닮아가도록 양육하고, 돌보며, 인도하는 능력으로 하나님께서 교회의 어떤 지체에게 주신 은사이다. 이 은사를 받은 사람들은 다음의 특성들을 나타낸다. 사람들이 하나님과 동행하도록 전인 성장에 관심을 가지고, 그들을 양육하는 책임을 진다. 하나님의 백성들의 집단을 인도하고 감독하는 일을 수행한다. 예수 그리스도를 따르는 삶이 어떠한 것인지를 모델을 통하여 보여준다. 장기적인 관계를 가지고 신뢰와 믿음의 관계를 맺는다. 자기가 돌보는 사람들을 지도하고 보호한다.

5) 교사 (Teacher)

'교사'는 '교사의 은사', 즉 '가르치는 은사'를 말한다. 교사의 은사는 하나님의 말씀을 분명하게 설명하고, 효과적으로 적용하게 할 수 있게 하는 능력이다. 이는 하나님께서 그리스도의 몸의 한 지체에게 주신 특별한 역량으로써, 다른 사람이 배울 수 있도록 몸과 그 지체의 건강 및 직임에 관계되는 지식을 전달하는 것이라 하겠다.[61]

교사의 어원은 '디다스칼로스'(διδασκαλος)이다. 이는 '가르치는 자'란 뜻이다. 이는 성령이 주시는 귀한 말씀의 은사이다. 이들은 초대교회에서 주로 기독교 기본 진리를 가르쳐 주는 일을 담당했다. 이들은 구원의 진리를 사람들 가슴 속에 새겨주는 기술자들이다. 이런 임무가 교사들의 주요 임무이다. 초대교회에서 이런 교사의 은사를 받은 사람들은 존경의 대상이 되었다. 교사의 은사는 독자적인 은사보다 관련 은사, 보충 은사로 보는 성경학자들이 많다. 사도행전 13장 1절은 선지자와 교사를, 에베소서 4장 11절은 목사와 교사를, 디모데후서 1장 11절은 사도와 교사를 묶어서 말하고 있다. 이런 본문에서 볼 때, 교사의 은사는 독자적인 것보다는 선지자와 목사와 사도의 직분을 보조하는 것으로 해석되어 질 수 있다.

브리지(D. Bridge)와 파이퍼(D. Phyper)는 이에 대하여 다음과 같이 말한다. "오늘날 신약 성서학자들은 대부분 이 직무를 하나로 간주하고 있다. 그 첫째 이유는 바울이 이 두 직임을 하나로 고정된 것으로 묘사하고 있으며, 둘째로는 이 두 직임 사이를 구분하려는 모든 시도가 실제로 불가능함이 입증되었기 때문이다." 그러므로 교사는 목사와 연관을 맺는 것으로 이해된다. 교사가 아닌 목사는 그 사역을 온전히 감당할 수 없으므로 목사는 교사로서의 기능도 잘 감당해야 한다(행 20:28~30). 참된 목사는 성실한 교사이어야 한다(딤전 5:17).

교회 공동체에는 많은 지체 있다. 이 지체가 서로 연합하여 그리스도의 몸이라는 교회 공동체를 이루어 교회를 향한 하나님의 뜻을 이루어 나간다. 이들은 하나님으로부터 성령의 은사를 받아 교회라는 공동체를 섬기고, 성도를 유익하게 하는데 최선을 다해야 할 것이다.

D. 그 외의 은사들

은사의 종류는 학자들에 의해 여러 가지로 분류되고 있다. 위에서 언급한 것 외에 다른 기타의 은사들이 제시되고 있다. 여러 학자들에 의한 그 외의 성령의 은사를 간략히 소개하면 다음과 같다. 앞에서 설명되지 않은 은사를 중심으로 제시하여 설명하고자 한다.

1) 선교사의 은사 (Missionary, 행 13:1~3)

이 선교사의 은사는 성경에는 직접 은사로서 언급되어 있지는 않다. 왜냐하면 '선교사'란 말은 성경에서 직접 사용하는 개념이 아니라, 오늘날 교회가 만들어서 쓰는 용어이기 때문이다. 선교사란 말은 그 어원에서 볼 때, *'복음전도를 위하여 외지로 보냄을 받은 사람'*을 의미한다. 선교사는 교회를 통하여 복음전도를 위하여 해외로 파송 받은 사람을 말한다. 이런 점을 볼 때, 선교사의 은사는 사도의 은사의 정신을 계승하는 것이다. 이 은사는 제 2의 문화권에서 기쁘게 그리고 쉽게 전도활동 할 수 있는 특별한 능력으로 하나님께서 교회의 어떤 지체에게 나눠 주신 은사이다.

이 은사를 가진 사람들은 타 문화권과의 접촉을 즐거워 할 뿐 아니라, 그 문화에 쉽게 적응하는 능력이 있다. 그들은 타민족의 습성과 물, 음식, 그리고 새로운 풍토 등에 쉽게 면역되어, 큰 지장이 없이 그들과 함께 생활한다. 그들은 외국어의 능력이 있어서 쉽게 그들의 언어를 습득하며, 그들로부터 그들 중의 하나가 되었다고 느끼게 한다. 특히 이 은사를 가진 사람들은 또 다른 은사를 개발하여 선교활동에 유익하게 사용한다.

2) 장로 (감독, 다스리는 은사, 딤전 3:1~13; 딛 1:5~9)

신약에서 연령과 신앙의 경력이 노숙한 분을 장로로 추대하게 되었다(딛 1:5~6). 이 직분은 예루살렘에서 갈라디아, 에베소, 그레데 등 각지로 파급된다. 그들은 교회를 다스리는 것과 감독의 일을 하며, 장로회의도 하였다. 또 이 직분은 목사직과 동일시되는 때도 많았다. 다스림의 은사는 미래의 목표를 설정하고, 사람들의 동기를 촉진시키고, 계획을 달성하고, 최종적으로 재검토 하는 것을 포함한다. 항상 이 직분은 지배하기 위함이 아니요, 교회를 섬기고, 성도를 보살펴 봉사하는 것이어야 한다. 지도력 없이 교회는 존재할 수 없다. 로마서 12:8에 다스리는 자는 부지런함으로 이 은사를 사용하라고 권고한다. 디모데전서 5:17에 다스리는 자들은 *"배나 존경을 받아야 한다."* 라고 말하고 있다.

3) 집사 (딤전 3:8)

보통 집사란 어원은 '디아코노스'(διακονος)라는 말에서 나온 것이다. 이 말의 뜻은 '*하인*'(요 2:5), '*사환*'(마 22:13), '*섬기는 자*', 혹은 '*섬기기로 작정된 자*'(마 23:11, 고전 16:16)로 번역된다. 고린도후서 9:1에 바울은 흉년을 만나 예루살렘 교회 성도를 섬기는 일에 수고를 했다는 말을 했을 때, 동일한 단어를 사용한다. 집사는 하나님의 일에 부족한 것을 보충하여, 충족시키도록 힘쓰는 자이다. 종이나 일꾼으로 집을 맡은 청지기로서 봉사하는 자이다(고후 6:4, 고전 4:1, 벧전

4:10). 교회에서 집사 직분을 맡은 자만 봉사하는 것이 아니라, 성도는 누구든지 주의 일꾼이 되어 겸손히 봉사하며, 실천하는 은사를 말한다.[62] 고린도전서 12장 5절은 성령의 은사를 '직임'(διακονια)이라고 부르고 있다. 이 뜻은 '남을 섬긴다'는 것인데, 여기에서 집사라는 말이 나왔다. 예수님은 이 봉사에 대한 말의 뜻을 마태복음 20:28에서 잘 설명하고 있다. 칼빈은 은사에 대한 해석을 성직, 다시 말하면 목사, 교사, 장로, 집사 등의 성직과 관련시키고 있다. 그러므로 은사란 자기를 위한 것이 아니라, 남을 위한 것이기 때문에 하나님 나라를 위한 '공동 봉사'를 전제하고 있다.

교회 공동체 안에는 여러 가지 다양한 은사들과 직임을 가진 다양한 성격의 지체가 참여하고 있는데, 그들이 그 다양성 속에서 서로 유기적으로 돕고 섬김으로써 하나의 공동체, 곧 그리스도의 몸을 이루어야 한다는 것이다. 그러므로 바울은 "너희는 그리스도의 몸이요, 지체의 각 부분이라"는 점을 강조했다(고전 12:27). 교회의 공동체에 있는 자들에게 각각 은사와 함께 어떤 직임이 주어질 때, 그것을 자랑하거나 개인의 이익을 위해 사용할 수 없다. 단지 그것을 통해서 서로 다른 지체를 섬기고 그리스도의 몸을 세워야 한다.

4) 재정의 은사 (Giving, 구제의 은사, 롬 12:8)

재정의 은사는 하나님께서 베풀어 주신 능력으로, 주님의 일을 위해서 즐거운 마음으로, 그리고 넉넉하게 돈과 물질을 헌금하는 은사이다. 이 은사를 가진 사람들은 "내가 하나님께 얼마를 바쳐야 하는가?"를 묻지 않고, "나의 최소한의 생계를 유지하기 위하여 얼마가 필요한가?"를 묻는다.

이 은사를 가진 사람들은 할 수 있는 대로 더 많은 물질을 주님의 일을 위해 바치려고, 재정 관리를 잘하며, 자기의 삶의 스타일을 청빈하게 만든다. 이들은 하나님의 나라의 확장을 위해서 희생적으로 물질을 바쳐 주님의 일을 돕는다. 이들은 영적인 사역이 일어날 수 있게 물질적인 경비를 제공한다. 이들은 하나님께서 필요한 것을 채우실 줄 믿고, 넉넉하게 그리고 즐거운 마음으로 물질을 바친다. 이 은사를 받은 사람들은 돈을 버는 특별한 능력을 받았으며, 번 돈을 하나님의 일을 위하여 사용한다.

5) 협력의 은사 (Helps, 서로 돕는 은사, 고전 12:28)

'돕는 것'(Helps)이라는 말은 '돕다'의 헬라어 동사 '안티람바노마이'의 현재시제 부정사 '안티람바네스싸이'인데, 신약성경 사도행전 20장 35절에 단 한 번 사용되었다. *"범사에 여러분에게 모본을 보여 준 바와 같이 수고하여 약한 사람들을 돕고…"*(행 20:35). 바울은 에베소 교회 장로들에게 교인들을 부탁하면서 이 설교를 하였다.

그들에게는 하나님의 말씀으로 양떼들을 먹여야할 책임이 있었고(행 20:28절), 거짓 선생들에 대항하여 양떼들을 굳건히 지켜야 할 책임이 있었다(행 20:29, 30). 뿐만 아니라 그들은 육체적으로나 경제적으로 '약한' 사람들, 즉 병들고 가난한 사람들의 유익을 위하여 '돕는' 일을 감당하라는 지시를 받았다. 돕는 것은 인간적인 동정도 도움이 되지만, 여기에 하나님의 부르심과 성령의 기름 부으심이 있어야 할 것이다. 왜냐하면 하나님께서 교회가 감당해야만 하는 모든 종류의 일에 부합되는 영적 은사를 공급해 주시기 때문이다.[63]

하나님께서 우리에게 주신 은사 가운데 중요하지 않은 은사는 하나도 없다. 다른 은사보다 사람들의 인정을 좀 덜 받을지는 몰라도 가정에서든지, 교회에서든지, 어떤 단체이든지, 그 은사를 마음에서 우러나오는 기쁨으로 사용할 때, 그 가치가 드러날 것이다. 하나님께서 자신에게 돕는 은사를 주셨다고 생각하면 하나님께 감사하고, 또 실제로 자신을 나타내지 말고 도울 수 있는 일이 있으면 조건 없이 행할 때 은혜가 충만해 질 것이다.

이 은사는 하나님이 주신 능력으로, 다른 사람들의 필요를 채우며, 지원하며, 가볍게 해주기 위하여 실제적이며, 꼭 필요한 일을 해내는 은사이다. 이 은사를 가진 사람들은 다른 사람의 교역과 은사를 지원할 필요가 생길 때마다 뒤에 숨어서 봉사하며, 실제로 꼭 필요한 일을 기쁘게 수행한다. 이 은사를 가진 사람들은 하나님의 목적을 깨닫고, 날마다 자기의 책임을 담당하면서 기쁨을 느낀다. 그들은 실천적인 봉사가 가지고 있는 영적인 가치를 발견하고, 자기들의 봉사를 통하여 다른 사람들이 불편 없이 자기들이 맡은 하나님의 일을 수행할 수 있다는 사실을 알고 즐거워한다.

6) 행정의 은사 (Adminstration, 고전 12:28)

조직의 기능을 이해하고, 사역의 목적을 수행하는데 필요한 절차를 계획하고, 실천하는 은사이다. 이 은사를 받은 사람은 목적을 달성하는데 필요한 전략들과 계획을 개발한다. 그리고 더 효과적이요, 능률적인 사역이 되게 도움을 주고, 조직의 혼란을 수습하고 질서를 세우는 역할을 하며, 계획 수행에 필요한 책임들을 분배하고, 실천하게 만드는 역할을 한다. 행정의 은사를 받은 사람은 사람, 사업, 또는 행사들을 잘 조직하는 능력을 가지고 있다.

7) 전도의 은사 (Evangelism, 엡 4:11)

불신자들에게 복음을 효과적으로 전달하여, 불신자들이 복음을 받아들여 믿음을 고백하고, 제자로 성장하게 돕는 은사로 하나님께서 부여해 주시는 능력이다. 이 은사를 가진 사람들은 그리스도의 메시지를 아주 분명하게 그리고 확신을 가지고 전달한다. 그들은 불신자들에게 영적인 것들을 이야기할 수 있는 기회를 잘 포착한다. 그들은 불신자들에게 믿음을 가지도록 도전할 뿐 아니라, 완전히 그리스도께 헌신하여 순종하도록 돕는다. 그들에게는 각자의 필요에 따라서 적절하게 복음을 전달하는 능력이 있다. 그리고 그들은 불신자들과 좋은 관계를 만들어 전도의 기회를 잘 붙잡는다.

베드로는 사도들의 대표로서 사도의 은사를 가지고 있었으며, 병 고치는 은사, 기적을 행하는 은사, 믿음의 은사, 권면의 은사, 방언의 은사, 귀신을 쫓는 은사 등 다양한 은사를 가지고 있었다. 그러나 베드로에게 있어서 가장 중요한 은사를 이야기하라면, 역시 전도의 은사를 이야기할 수 있을 것이다. 베드로는 한 번 설교하여 3천 명의 제자를 얻었을 뿐만 아니라, 공회 앞에서 담대히 전도하고, 예수님의 명령을 따라서 예루살렘과 온 유다와 사마리아와 땅 끝까지 이르러 주 예수의 복음을 전도하는 모델이 되었다.

베드로는 예수님께 선택을 받아 3년 동안 예수님께 친히 교육을 받고, 오순절날 성령의 충만함과 은사를 받고, 전도하는 동안에도 끊임없이 성령의 도우심을 받는다(행 4:8, 31). 그러므로 베드로의 전도의 은사는 성령세례를 통해, 그리고 계속적으로 충만케 하시는 성령의 능력을 통해 베드로에게 주어진 은사라고 할 수 있다.

8) 친절과 접대 (Hospitality, 환대 또는 손님 접대, 벧전 4:9)

하나님께서 주신 능력으로 친절과 우정과 음식과 쉴 곳을 제공함으로 사람들을 돌보는 은사이다. 이 은사를 가진 사람들은 사람들에게 존중을 받고 있다고 느끼게 만들어 주며, 친절하게 자기들을 도와주고 있다는 사실을 깨닫게 한다. 새로운 사람들을 만나 그들이 환영받고 있다고 느끼게 만든다. 이 은사를 받은 사람들은 친밀한 관계를 개발할 수 있는 안전하고 편안한 분위기를 만들어 낸다. 이들은 사람들끼리 의미 있는 관계를 맺을 수 있게 필요 적절한 방법을 창출한다. 이 은사를 받은 사람들은 낯 설은 환경 가운데서도 편안한 마음을 가질 수 있게 만들어 준다.

9) 독신의 은사 (Singlehood, 고전 7:6~9, 25~40)

이 은사는 독신으로 살면서도 성적인 유혹을 받지 않고, 아무런 지장 없이 주님만을 위하여 헌신하는 능력으로 하나님께서 교회의 어떤 지체에게 나눠주신 성령의 은사이다. 이 은사를 받은 사람들은 주님만을 위하여 오로지 봉사하고 싶은 마음으로 가득하여, 기회가 주어져도 결혼할 마음이 생기지 않는다. 이 은사를 받은 사람은 성적인 욕구를 충족시키지 못한 경우에도 욕구불만이 없으며, 사람들에게서 만족을 얻기 보다는 하나님의 일을 완성하는 것을 기뻐하며, 다양한 재능이 있어 여러 가지 일로 교회의 덕을 세우며, 하나님께 영광 돌린다. 그러나 이 은사는 다른 은사들이 함께 주어졌을 때만 의미를 갖는다. 독신으로 살면서 하나님이 주신 다른 은사로 하나님께 영광을 돌린다.

바울은 자기가 독신의 은사를 가지고 있다고 편지한다(고전 7:6, 7). 바울은 병 고치는 은사, 방언의 은사, 가르침의 은사, 지식의 은사, 지혜의 은사, 기적의 은사, 믿음의 은사, 사도의 은사, 전도의 은사 등 수많은 은사를 가지고 있었지만, 독신의 은사를 자기의 은사로 주장하고 있다. 그 이유는 그가 독신으로 있으면서 오로지 주님만을 위하여 모든 것을 바칠 수 있고, 헌신할 수 있었기 때문에 그가 받은 다른 은사들이 더욱 빛나고 있었기 때문이다. 바울의 은사들 중에는 예수를 믿고 헌신한 후에 받은 은사들이 많이 있었다. 그의 은사 중의 하나는 독신의 은사였다.

10) 중보기도의 은사 (Intercession, 딤전 2:1~2)

하나님께서 주신 능력으로 다른 사람을 대신해서, 그리고 그들을 위해서 끊임없이 기도하며, 구체적인 응답을 끊임없이 경험하는 은사이다. 이 은사를 가진 사람들은 다른 사람들을 위해서, 그리고 여러 가지 기도의 제목을 가지고, 계속해서 기도하지 않으면 안 된다고 느낀다. 그들은 영적인 싸움의 긴박성을 날마다 깨달으며, 기도하지 않으면 안 된다는 사실을 깨닫는다. 그들은 하나님께서 자기들의 기도에 직접적으로 응답하고 있다는 사실을 경험하며, 자기들이 이해할 수 있든, 그렇지 않든 간에 성령의 인도를 따라 기도한다. 이 은사를 받은 사람들은 다른 사람들을 보호하여 하나님의 일을 수행할 수 있게 하려고 권위와 능력을 가지고, 하나님께 기도하여 응답을 받는다.

11) 장인의 은사 (Craftsmanship, 출 31:3~5)

사역에 필요한 장비들을 창조적으로 고안하고 만들어 내는 능력과 나무, 천, 페인트, 금속, 유리, 그리고 다른 원료들을 가지고 무엇을 만들어 내는 능력, 다른 사람들의 사역들의 효과를 향상시키는 물건들을 만들어 낸다. 구체적인 필요를 채우기 위해 손으로 봉사하기를 즐거워하고, 사역에 소용이 되는 보이는 장비들과 자원들을 고안하고 만들어 낸다. 또한 여러 종류의 연장들을 사용하여 일하는 능력과 손으로 만드는 기술들을 소유하고 있다.

12) 창의적 전달의 은사 (Creative Communication, 시 150:3~5)

다양한 예술적인 형태를 통하여 하나님의 진리를 전달하는 능력으로 하나님께서 내려주신 기능이다. 이 은사를 받은 자들은 다음과 같은 능력을 갖는다. 하나님의 진리를 전달하기 위하여 여러 가지 예술을 활용한다. 드라마, 문학, 미술, 음악, 무용과 같은 예술적인 기술들을 개발하고 사용한다. 사람들을 사로잡고, 다양성과 창의성을 발휘하여 그들에게 그리스도의 복음을 심사숙고 할 수 있게 도움을 준다. 여러 가지 예술 형태를 사용하여 사람들을 도전하여, 그들이 갖고 있는 하나님에 대한 관점을 바꿀 수 있게 돕는다. 주님의 복음 사역을 전달하는데 신선한 방법들을 보여준다.

13) 귀신 쫓는 은사 (Exorcism, Deliverance, 행 16:16~18)

이 은사는 귀신들린 사람에게서 귀신을 쫓아내는 능력으로 하나님께서 교회의 어떤 지체에게 나눠주신 성령의 은사이다. 이 은사를 가진 사람들은 대체로 영분별의 은사를 함께 받으며, 귀신들린 사람이나 악령의 역사에 민감하게 반응하며, 예수 그리스도의 이름으로 귀신들을 쫓아내는 능력을 행사한다. 이들은 귀신을 쫓아냄으로 살아계신 하나님의 능력을 증거하며, 기도에 열심을 갖는다. 하나님과의 관계가 능력의 근원임을 알고, 하나님께 신실하고자 노력하며, 죄는 능력을 깨뜨리는 장애물임을 알고, 자신을 지켜 성결하게 하려고 힘쓴다.

3. 은사의 올바른 이해와 활용

교회는 은사의 유익과 필요성을 이해하고, 성도들에게 가르치면서, 개개인들이 성령의 은사를 사모하게 하고, 유익하게 활용하게 한다면, 신자 개인적인 영적 성숙은 물론이고 교회 성장에 힘을 주게 되며, 생명력이 넘치는 교회로 성숙하게 될 것이다. 반면에 은사에 대한 잘못된 인식은 문제를 일으킬 수 있음도 알아야 한다. 다음에서 성령의 은사에 대한 올바른 이해와 활용에 대해 간략히 살펴보자.

A. 은사의 올바른 이해

1) 은사는 하나님의 선물이다

은사란 단어는 신약성경의 '카리스마'(Χαρισμα)를 번역한 것이다. 이는 원래 인간에게 어떠한 공적도 요구하지 않고, 하나님의 은혜로 말미암아 주어지는 모든 것을 말한다.[64] 이 성령의 은사는 '신령한 것'(πνυματικος)과 '은사들'(χαρισματα)로 부르고 있다. '카리스마'(χαρισμα)라는 단어는 은사의 근원적 의미를 가지고 있는데, 하나님의 '카리스'(χαρις, 은혜)가 구체적으로 나타나는 것을 말한다.[65] 이것은 하나님의 선물로 주어진 구속이나 구원을 의미하고(롬 5:16, 6:23), 또 그리스도인으로 하여금 교회에서 특별한 사역을 수행할 수 있게 하는 특별한 은사를 의미한다.

카리스마는 하나님이 값없이 주신 선물이다. 성령의 은사는 사람으로부터 발생하는 것이 아니라, 하나님께서 성령을 통해서 하나님의 주권하에 주시는 것이다. 로마서 12:3에 "내게 주신 은혜로 말미암아 너희 각 사람에게 말하노니 … 오직 하나님께서 각 사람에게 나누어 주신 믿음의 분량대로 지혜롭게 생각하라"고 하였다. 그리고 그 하나님은 은사를 주실 때 성령을 통해서 주심을 거듭 강조하였다. 성령의 은사는 하나님께서 모든 믿는 자들에게 주신 하나님의 은혜의 선물이다. 그러므로 이 은사를 받았다고 자랑하거나 자기의 공로를 과시하려는 것은 잘못된 것이다. 고린도 교회에서 보면, 이 성령의 은사에 대한 잘못된 이해로 서로 갈등하고, 분쟁한 것을 볼 수 있다. 성령의 은사는 어느 것이 더 낫고, 더 거룩한 것이 아니다.

성령의 은사의 가치와 평가의 기준은 공동체의 유익과 남을 얼마나 온전히 섬기느냐에 있다. 아무리 그 사람이 산을 옮기는 기적을 행할지라도, 사람을 살릴만한 능력을 소유하고 있다 할지라도, 그 은사가 공동체의 유익을 가져오지 않고, 다른 사람이나 교회 공동체에 피해를 가져온다거나, 자기 자랑과 과시를 나타내면, 아무런 의미가 없는 것이다. 성령의 은사는 하나님의 뜻 가운데 그리스도를 믿는 모든 자에게 값없이 선물로 주어졌고, 그 은사로 교회 공동체와 세계의 모든 피조물을 섬겨야 한다.

2) 은사는 성령께서 그 뜻대로 주관하신다

성령은 주권적으로 그의 은사를 사람들에게 나누어 주신다. 성경은 이것을 성령의 주권적 행사라고 말하고 있다. 성령은 바람이 원하는 곳에 가는 것처럼, 성령도 자기가 원하는 때에, 자기의 뜻대로 활동하시는 분이다. 성령은 자기가 원하는 모든 사람에게 각기 그 나름대로 은사를 주어, 각각 한 지체가 되어 머리 되시는 예수 그리스도를 섬겨, 그리스도의 몸으로서 교회를 이루게 하신다. 어떤 성도들은 성령의 은사를 받아 행할 때, 자기 뜻대로 행할 수 있다고 생각하는 경향들이 있다. 이것은 잘못된 생각이다.

성경은 "이 모든 일은 같은 한 성령이 행하사 그의 뜻대로 각 사람에게 나누어 주시는 것이니라"(고전 12:11)라고 말씀한다. 성령의 은사는 믿으면 무조건 받는 것으로 생각하거나, 또 자기 마음대로 사용할 수 있는 것이 아니라, 전적으로 성령의 주관하에 있으며, 전적으로 성령으로부터 주어지는 것이다. 모든 은사의 수여자는 성령 하나님이시다. 그러므로 성령의 은사는 선물적인 성격을 가지고 있다. 따라서 교회 안에서는 은사로 말미암아 누구도 자랑할 수 없고, 누구도 열등의식에 고통받아서도 안 된다.[66]

교회 안에서 어떤 사람들은 성령의 은사를 이용하여 자기를 과시하려는 사람들이 있다. 성령의 은사는 신비스러움에 그 중요성이 있는 것이 아니라, 남을 위하고 공동체를 위한 겸손한 섬김에 그 의미가 있다. 타자를 위하고, 하나님의 나라를 위한 축복의 도구이다. 바울은 고린도전서 12:21 이하에서 만일 눈이 손에 대한 우월감에서, 머리가 발에 대한 우월감에서 상대방을 무용지물로 낙인을 찍는다면, 이것도 큰 오산이라고 경고한다. 왜냐하면 하나님은 부족한 지체일수록 존귀하게 여겨, 몸의 조화를 꾀하는 분이시기 때문이다. 우월감은 몸의 조화를 깨뜨리는 무서운 유혹이다. 한 몸에는 많은 지체가 각기 자기의 위치를 차지하고 있으나, 계급이 있는 것은 결코 아니다.

그러므로 차별 대우도 용납될 수 없다. 성령의 은사는 결코 우월성을 나타낼 수 없고 용납될 수도 없다. 왜냐하면 은사는 다양성과 통일성을 함께 지니고 있기 때문이다. 또 은사는 하나님 앞에 "작은 일"에 불과하다. 그러므로 거기에는 우월감보다는 겸손이, 열등감보다는 충성이 요청된다. 성령의 은사는 성령께서 주권적으로 주시는 것으로 성령께서 원하시는 방향과 목적에 맞게 사용되어야 한다. 성령의 은사는 그리스도의 몸된 교회 안에서 서로 협력하고 조화를 이루어야만 그 의미가 유지되고, 그 목적이 이루어지게 된다. 바울은 에베소서 4장 12절에서 하나님께서 은사를 주신 목적은 "이는 성도를 온전케 하며 봉사의 일을 하게하며 그리스도의 몸을 세우려 하심이라"라고 했다.

그러므로 모든 그리스도인은 하나님께서 주신 은사를 사용하여 하나님의 청지기로서 서로 봉사해야 한다. 은사의 목적은 하나님의 영광과 다른 사람을 유익하게 하기 위한 것이다. 한 개인이 받은 영적인 복은 그것으로 끝이 아니라 타자를 위하고, 하나님의 나라를 위하는 축복의 도구이다. 은사는 남을 위하고 공동체를 위한 겸손한 섬김에 그 의미가 있는 것이다. 성령의 은사는 그리스도의 몸을 세우는데 매우 귀중한 가치를 지니기 때문에 열심히 사모해야 한다. 우리는 *"성령의 신령한 것을 사모하라"*(고전 14:1)라는 성경의 말씀대로 성령의 은사를 간절히 사모하며, 열심을 내어 간구해야 한다. 사랑을 따라 구하며, 신령한 것을 사모해야 한다. 믿는 자는 성령의 모든 은사 중에 일부가 아닌 모두가 나타나도록 모든 은사를 간절히 사모해야 할 것이다.

은사들의 다양성과 통일성을 통해 그리스도의 몸은 건강하게 기능을 하며, 많은 지체의 필요가 채워지며, 공동체 전체가 굳건히 세워진다. 우리는 성령의 은사들이 회복된 이 늦은 비 시대에 교회의 몸을 세우고, 세계를 신속하게 복음화하기 위해 더욱 열심히 성령의 은사를 사모하며, 간구해야 하며, 그리스도의 몸의 유익을 위해 적극적으로 활용해야 할 것이다.

3) 은사는 다양하다

성령의 은사가 각각 다른 것은 마치 선물과 같은 것이다. 성령의 은사는 받는 그 대상이 개인이나 단체일 수도 있고, 주어지는 은사가 같을 수도 있고, 다를 수도 있다. 그러므로 성령의 은사를 받은 자는 은사를 받지 아니한 자의 신앙을 과소평가하거나 교만할 수는 없다.

또한, 다른 사람이 받은 것을 내가 받지 못했다고 실망하거나 부러워할 필요도 없다. 이 성령의 은사에 대한 비중의 차이에 대해서 성경은 이렇게 말씀한다. "하나님도 한 분이시니 곧 만유의 아버지시라 … 우리 각 사람에게 그리스도의 선물의 분량대로 은혜를 주셨나니 … 그가 어떤 사람은 선지자로 어떤 사람은 복음 전하는 자로 어떤 사람은 목사와 교사로 삼으셨으니"(엡 4:6, 11). 한 성령으로 각기 다른 은사를 주셨음을 지적하고, 이는 마치 한 몸에 붙은 지체로서 비교하고 있다(고전 12:27~30). 그러므로 은사들은 그 몸을 위하여 다 필수적이다.

우리 각자에게 다양한 성령의 은사들이 주어진 것은 그것을 가지고 그리스도의 몸 안에서 서로 섬기라고 하는 것이다(롬 12:3~13, 고전 12:4~31). 로마서 12장에 나오는 다양한 은사들의 목록은 우리가 다 하나의 그리스도의 몸의 지체로서, 각자에게 주어진 은사를 가지고, 그 분수에 맞게 봉사할 것을 강조하고 있다. 또한, 고린도전서 12장에 나오는 성령의 은사들의 목록(고전 12:4~11) 다음에는 그리스도의 몸과 각 지체의 유기적 관계와 공동체적 통일성에 대해 강조해서 말해주고 있다(고전 12:12~31). 거기서 바울은 "너희는 그리스도의 몸이요 지체의 각 부분이라"는 점을 강조하고 있다(고전 12:27). 바울은 고린도전서 12장에서 서로 지체로서 그리스도의 몸을 이루는 신자 개개인의 상호 연결성과 신자들의 '상호의존 관계'의 개념을 말해준다. 그는 "비록 몸의 지체는 많으나, 한 몸"임을 강조한다. 모든 지체는 다양한 은사를 부여받았는데, 은사는 개인의 만족을 위해 주어진 것이 아니라, 몸 전체의 덕을 세우기 위해 주어진 것이다(고전 14:4~5, 12).

한 사람이 모든 은사를 다 소유하지 않는다. 어떤 은사가 다른 은사보다 더 중요한 것이 아니며(고전 12:14~25), 모두가 동일한 은사를 소유하지 않았다. 즉, 각 지체는 다른 지체가 필요하며, 또한 각 지체는 다른 지체의 필요가 된다. 이 몸에는 여러 가지 다양한 은사들과 직임을 가지고, 다양한 은사의 지체가 참여하고 있는데, 그들이 그 다양성 속에서 서로 유기적으로 돕고, 섬김으로써 하나의 공동체를 이루어야 한다. 우리에게 은사가 주어진 것은 그것을 통해 다른 지체를 섬기고, 그러므로 그리스도의 몸을 세우기 위한 것임을 명심해야 한다.

4) 은사의 목적을 분명히 인식해야 한다

고린도전서는 은사의 목적에 대해서 이렇게 말한다. "은사는 여러 가지나 성령은 같고, 직분은 여러 가지나 주는 같으며, 또 사역은 여러 가지나 모든 것을 모든 사람 가운데서 이루시는 하나님은 같으니, 각 사람에게 성령을 나타내심은 유익하게 하려 하심이라"(고전 12:4~7). 성령께서 여러 가지 은사를 주신 목적은 하나님의 뜻인 복음 사역을 개인이나 교회를 통하여 성취하는 것이다.

어떤 신령한 은사도 사적인 목적을 위해서 주어진 것은 없다. 은사가 사적인 목적을 위해서 사용되는 정도가 어느 정도냐에 따라서, 받은 능력을 얼마나 잘못 사용하고 있는가를 알 수 있다. 이런 원리가 지배하지 않는다면, 그리스도의 몸은 공동의 유익이나 덕을 세우는 일을 실현할 수 없다. 하나님께서 은사를 주신 목적은 그의 은사를 그냥 버려두시기 위하여 우리에게 주신 것이 아니고, 그의 은사들의 전시효과를 위한 것도 아니고, 교회의 유익을 위한 것이다. 에베소서 4:12에서 "이는 성도를 온전하게 하며 봉사의 일을 하게 하며 그리스도의 몸을 세우려 하심이라"라고 하였다.

하나님께서 은사를 주신 것은 사람들을 드러내기 위한 것이 아니라, 그리스도의 몸을 유익하게 하고, 교회를 세우기 위한 것이다. 성령의 은사는 반드시 그 주신 목적이 있고 그 목적에 맞게 활용되어야 한다. 은사의 사용은 나 자신의 신앙과 교회에 유익할 수 있어야 한다. 성령의 역사는 성령의 직접적 임재와 함께 구체적이고, 역사적인 매개체, 즉 공동체 안의 다른 지체와 그들에게 주어진 직책이나 은사를 동반한다. 성령의 역사의 이러한 특징은 필연적으로 공동체의 존재를 요구한다. 하나님은 성령의 역사로 교회라는 공동체를 만드셨다. 하나님께서는 이 교회 공동체를 통해서 하나님의 뜻을 이루어 나가시길 원하신다. 그 뜻을 이루기 위해 교회 공동체에 있는 모든 자에게 성령의 은사를 주신 것이다.

그러나 성령의 은사를 주신 하나님의 뜻을 바르게 이해하지 못하고, 자신의 은사를 통해서 하나님의 영광과 교회 공동체의 유익과 덕을 가져오지 않고, 다른 사람의 은사에만 관심이 있어 우월감을 갖거나 열등감, 또는 은사의 귀족성과 자기가 가장 거룩한 사람처럼 생각하여, 교회 공동체에서 귀족적인 생각을 가지거나 행동하고, 파당을 지어 분쟁을 일으켜서는 안 될 것이다. 성령의 은사에 대한 잘못된 이해는 자신과 교회 공동체의 질서를 파괴하고, 하나님의 영광을 가리게 된다. 교회 공동체는 보이지 않는 그리스도의 몸의 가시적인 형태이다. 그리스도의 몸이란 그리스도인이 공동체 혹은 공동체적인 삶을 살아감으로써 실제적인 그리스도의 한 몸이 됨을 가리킨다. 그리스도의 몸은 실존적이며, 가시적으로 현존한다. 그러므로 교회에서 은사를 받은 자들은 온전히 하나된 그리스도인의 몸을 보이며, 아름다운 연합체가 되어야 한다.

B. 은사의 올바른 활용

1) 교회에 덕을 세우는 은사

교회에서 은사의 올바른 활용을 위해서는 성령의 은사 중에 어느 것도 홀대받거나, 경멸되거나, 억압되거나, 혹은 폐기되지 않는 것이 중요하다. 모든 은사는 그것의 고유하고도, 중요한 위치를 점하고 있다. 한 은사를 받은 구성원이 빠지거나, 기능을 하지 않는다면, 그 몸은 기능에 큰 장애를 겪게 된다. 각 지체는 성령께서 주신 그가 맡은 역할을 제대로 수행해 줄 때, 교회의 몸은 정상적으로 기능을 발휘할 뿐만 아니라, 믿음과 사역 속에서 몸이 세워진다.

또한 은사는 다른 사람과의 개인적인 경쟁심으로 사용해서는 안되고, 무질서하게 사용하여 혼란을 일으켜서도 안 된다. 오직 사랑의 마음으로 다른 사람을 섬기며, 교회를 섬기는 데 사용되어 교회에 덕을 세워야 한다. 고린도전서 14장에서 바울은 은사를 교회를 어지럽히는 데 사용하지 말고, 교회에 덕을 세우는 데 사용할 수 있도록 은사의 능력을 질서 있게 사용하는 방법을 보여주었다. 질서 있게 은사를 사용하는 일에 있어서 교훈이 필요했다. 고린도전서 14장에서 성령의 나타나심에 대한 지식이 결핍됨으로써 어떤 모임은 아수라장으로 변했던 것을 알 수 있다. 그러므로 무질서하게 아수라장으로 변했던 집회를 잘 제어할 필요가 있었다.

고린도전서 14장에는 은사를 질서 있게 사용하기 위한 원리가 제시되어 있다. 고린도 교인들은 방언의 은사를 행사하는 데 있어서 균형을 잃고 있었다. 아마 방언의 은사에 극적인 요소가 있었기 때문에 그렇게 되었을 것이다. 그러나 바울은 저들에게 방언 통역과 예언의 필요성을 상기시켰다. 방언 통역을 통하여 방언으로 말하고 있는 내용을 사람들에게 알려 줄 필요성이 있었다. 은사의 목적은 불신자를 개종케 하여 구원하며, 신자들의 믿음을 격려하여 교회의 덕을 세우는 데 있었다. 그러나 바울이 말한 것처럼 만일 외부 사람이 교회에 들어와 통역 없이 방언으로 말하는 것을 들으면, 방언하는 사람들을 미쳤다고 결론을 내렸을 것이다. 그래서 바울은 *"모든 것을 적당하게 하고 질서대로 하라"*라고 권면한다. 이 우주의 온갖 아름다움을 창조하신 위대한 설계자이신 성령께서 무질서한 일을 하라고 은사를 주실 리가 없는 것이다. 성령께서 능력으로 역사하실 때, 그 감화 감동하심을 받아 성령께 복종할 줄 아는 사람이라면, 교회에 덕을 세우지 못할 일은 없다. 고린도전서 14장에 의하면, 하나님께서는 그의 백성들이 성령의 역사에 대하여 지성적이고, 교회에 덕을 세우며, 자제하는 모양으로 반응을 보여주기를 원하고 계신다는 것을 분명히 알 수 있다. "그러면 너희도 영적인 것을 사모하는 자인즉 교회의 덕을 세우기 위하여 그것이 풍성하기를 구하라"(고전 14:12)고 말씀한다.

또한 바울은 '성령의 은사들'을 언급하면서 은사의 다양성과 함께 통일성을 강조한다. "은사는 여러 가지나 성령은 같고, 직분은 여러 가지나 주는 같으며, 또 사역은 여러 가지나 모든 것을 모든 사람 가운데서 이루시는 하나님은 같다"(고전 12:4~6)라고 말씀한다. 은사가 아무리 다양하고 또 직임이나 역사가 다양하다고 해도 성령은 같고, 주 예수도 같고, 모든 사람 가운데 역사하시는 하나님은 같다는 것이다. 거기에는 다양성이 있지만 동시에 통일성도 있음을 보여준다. 다양한 은사로 인한 신자들의 분열, 분리, 파당 등은 지양되어야 함을 경고하고 있다. 하나님의 뜻은 다양한 은사 가운데 여러 지체가 하나가 되게 하는 것이다. 은사는 신자들에게 자신들을 다른 사람들의 기대를 뛰어넘어, 하나님이 자신들에게 부여해 주신 독특한 은혜의 선물임을 인식하게 하지만, 그 때문에 결코 자신을 신앙 공동체에서 분리시켜 교만하게 하지는 않는다. 왜냐하면 개인에게 은사를 그 뜻대로 나누어 주어서 그 개인을 개체화시킨 성령님께서 개체화된 그리스도인 지체를 공동체에 속하게 하여, 그의 더욱 큰 목적을 수행하고 계시기 때문이다.

그러므로 우리는 신앙 공동체인 교회 밖에서는 결코 은사를 이야기할 수 없으며, 그리스도의 영광과 교회의 덕을 세우려는 성령의 근본 목적을 떠난 어떠한 은사도 성령의 은사라고 할 수 없다. 은사는 교회 공동체를 위해 사용되어야 한다. 바울은 고린도전서 1장 12~13절에서 "…너희가 각각 이르되 나는 바울에게, 나는 아볼로에게, 나는 게바에게, 나는 그리스도에게 속한 자라 한다는 것이니 그리스도 께서 어찌 나뉘었느냐?"라고 경고하였다. 더 나아가 그는 12장 13절과 27절에서 "…한 성령으로 세례를 받아 한 몸이 되었고 …", "너희는 그리스도의 몸이요 지체의 각 부분이다"라고 말하면서 분파 작용을 중지하라고 강력하게 권고하였다. 바울은 성령의 은사는 독선에서 벗어나 분파 작용의 잘못을 범할 수 있다고 말한다.

많은 성도는 병 고치는 은사나 능력 행하는 은사와 같이 신령한 은사를 소유한 자가 더 거룩하다고 생각하는 경향들이 있다. 그러나 그렇지 않다. 교회에서 한 개인이 받은 놀라운 성령의 은사는 귀한 것이지만, 그와 같은 은사나 혹은 어느 특정한 은사를 받지 못한 사람을 자기보다 신령한 은사라고 생각하거나 스스로 자기를 높이는 것은 본래 은사를 나누어주시는 하나님의 뜻에 어긋나는 것이다. 은사는 자기의 신령함을 자랑하기 위한 것이 아니라, 겸손히 섬기기 위한 것임을 명심해야 한다. 은사에 대한 그릇된 이해와 사용은 분파 작용을 일으킨다. 고린도 교인들은 말씀에 순종하지 않고, 독선으로 흘렀기 때문에 교회를 사분오열하여 찢어 놓고 말았다. 성령의 은사를 받은 사람은 말씀 아래에 서서 겸손히 순종해야 한다.

바울은 빌립보서 2장 3절에 "아무 일에든지 다툼이나 허영으로 하지 말고 오직 겸손한 마음으로 각각 자기보다 남을 낫게 여기고"라고 권면하였다. 교회를 섬기기 위한 은사를 오용하면 교회의 분열과 분파를 형성할 수도 있음을 바울은 경고한다. 성령의 은사는 교회를 섬기며, 서로 하나 되는 공동체의 유익을 위해 사용되어야 한다.

은사의 사용은 교회의 화평과 덕을 세우는 데 중점이 두어져야 한다. 믿는 자들은 각자 은사의 다양성을 인정하고, 서로 사랑 안에서 온전히 합하여 하나님의 교회를 온전히 세워나가는 데 힘써야 한다. 교회 안의 질서와 조화를 이루어가며, 서로의 은사를 활용하고, 교회의 덕을 세워야 한다. 성령의 은사는 서로 경쟁적인 것이 아니고, 서로 배타적인 것도 아니고, 상호 보완적임을 깨달아야 한다. 우리에게 주신 귀한 은사를 교회의 화평과 덕을 세우는 데 사용한다면, 성령의 은사를 교회의 유익을 위해 활용하는 아름다운 모습을 보이게 될 것이다. 이처럼 은사를 하나님의 뜻에 합당하게 올바로 사용하는 사람은 영적으로 성숙한 모습을 나타내게 되며, 하나님의 특별한 은혜와 축복을 경험하며, 기쁨으로 충만한 신앙을 영위할 수 있을 것이다.

2) 은사를 통한 사역

로마서 12:6~8, 고린도전서 12~14장, 에베소서 4:7 이하, 베드로전서 4:10 이하 등, 네 본문 구절은 교회의 사역과 관련해서 은사의 목록들을 제시하고 있다. 여기에 제시된 은사들은 성령의 뜻을 따라 각 그리스도인에게 부여되는 은사의 성격을 분명히 보여주지만, 동시에 그 은사는 교회의 사역으로서의 존재 의의도 명백히 보여주고 있다.

인간이 날 때부터 받은 선천적 재능과 성령의 은사가 같은 것은 아니다. 재능은 인간의 능력이요, 성령의 은사는 하나님의 능력이다. 하나님께 받은 은사를 발견하여 훈련할 뿐만 아니라, 재능들을 은사화 하여 개발하고, 교인들을 하나님의 사역을 감당하도록 사역자화시켜, 하나님의 교회와 세상을 위해 봉사하게 해야 한다.

은사를 가진 사람들이 사명과 사역을 발견하여 공동체 속에서 자신의 책임을 다할 때, 평안을 얻게 되고, 사명을 받은 그리스도인이 교회와 믿음의 사람들과 함께 말씀과 기도를 나누는 가운데, 성령께서 각 사람에게 나눠 주시는 은사를 체험하게 되어, 성령의 능력으로 사역할 수 있게 된다. 즉, 은사를 향한 사역의 움직임과 사역을 향한 은사의 움직임에서만이 온전한 신앙 공동체의 사명을 감당할 수 있는 것이다. 그러므로 은사를 받았다고 확신하는데 사역이 명백하지 못한 사람은 자신의 은사를 개발시킬 곳을 찾아 발견하고, 사용할 때, 자신의 은사에 적합한 사역을 인식하게 된다.

반대로 사역은 하는데 은사를 받았다고 느끼지 못하는 경우에도 지속적인 사역을 통해 자신의 은사를 발견하고 발전시킬 수가 있는 것이다. 은사와 사역은 함께 서로를 지향할 때, 신앙 공동체의 사명을 효과적으로 감당하게 되며, 교회는 성장하게 되는 것이다. 그리스도인은 교회의 유익과 덕을 세우기 위해 하나님이 주신 은사로 봉사하고자 할 때, 하나님께서 아낌없이 은사를 공급해 주시는 것을 확신하고, 전심으로 봉사해야 한다. 이것은 자신의 능력이 아니라 하나님이 주시는 능력으로 겸손하게 봉사하는 참다운 청지기의 모습을 보여주는 것이다. 하나님께서 각양 은사를 믿는 자들에게 주신 것은 오직 하나님의 일을 잘 감당하여, 많은 사역과 신앙의 열매를 맺게 하여 하나님께 영광을 돌리게 하려 함이다. 그리스도인은 주어진 은사를 발견하고, 개발하고, 잘 활용하여 하나님 나라를 확장하는데 이바지해야 하고, 하나님께 영광 돌리는 삶을 살아야 할 것이다. 브리지(D. Bridge)와 파이퍼(D. Phyper)는 그들의 저서에서 은사들의 유익함을 다음과 같이 말한다. 첫째, 성도들을 일깨우고 활동케 한다. 오늘날 성도들 자신들이 무슨 은사를 소유하고 있는지 모르는 사람들이 많다. 하나님께서 값없이 주신 은사를 찾아주어 가진 은사를 활용하면, 그리스도의 몸으로서의 교회는 모든 성도들이 마음속에서 우러나오는 힘을 발휘하며, 교회의 유익을 위해서 필요한 분야에서 봉사함으로 몸이 자라게 되는 것이다.

둘째, 능력있게 증거 하게 한다. 여기서 능력이란 하늘에서부터 오는 능력을 말한다. 예수 그리스도의 복음 전파는 성령의 능력으로만 할 수 있다. 찬양할 수 있는 것도 성령의 능력으로 하는 것이고, 예수의 사랑처럼 원수를 사랑할 수 있는 것도 성령의 능력으로 하는 것이고, 그리스도를 확신있게 증거하는 것도 성령의 능력으로 하는 것이다.

셋째, 성령 충만한 지도자를 배출한다. 하나님의 일은 하나님의 사람이라야 효과적으로 임무를 수행할 수 있다. 그러므로 교회의 지도자들은 자신의 자연적인 재능에만 의존할 것이 아니라, 성령의 은사에 의지할 때 교회에 더 큰 유익을 줄 수 있다.

넷째, 서로 하나가 되는 교제가 나타난다. 은사를 통해서 나타나는 결과는 교회가 하나 되는 친교가 이루어진다. 서로 존경하며, 상호 의존성을 인식하고, 친교와 사랑이 증대되는 것이다.

다섯째, 예배에 대한 더 깊은 체험이다. 예배를 의식에 맞추어서 억지로 드리는 것이 아니라, 은사를 활용해서 행할 때, 예배에 대한 깊은 체험으로 인도하게 되며, 기쁨이 넘치게 하는 예배로 이끌 수 있고, 하나님과 살아있는 교제를 할 수 있고, 예배에 대한 개인적인 체험을 할 수 있다. 그러므로 교회 예배의 갱신은 성령의 은사를 통

해서 가능한 것이다.⁽⁶⁷⁾

그리고 은사의 가장 큰 유익은 교회 성장으로 나타난다. 교회 성장의 원동력으로서의 성령의 은사 체험이 언급된다. 교회의 질적, 양적 성장은 성령의 은사에 의존한다. 이처럼 효과적으로 은사를 개발시키면 많은 유익을 얻을 수 있다. 모든 그리스도인은 성령의 역사를 깨닫고, 성령의 역사를 통해 베푸시는 은사를 발견하도록 해야 할 것이다. 이렇게 성령의 은사는 신자 자신과 교회에 크게 유익을 줄 수 있음을 알 수 있다. 그러므로 교회는 은사의 유익과 필요성을 이해하고, 성도들에게 성령의 은사를 사모하여 발견하게 하며, 유익하게 활용하게 한다면, 신자 개인적인 영적 성숙은 물론이고, 교회 성장에 힘을 주게 되며, 생명력이 넘치는 교회로 성숙하게 될 것이다.

C. 은사 사역을 통한 교회 성장

은사를 통한 교회 성장이 오늘날에도 절실히 필요하다. 성령의 은사가 교회 안에서 어떻게 개발되어 활용되느냐에 따라 교회의 성장을 가져올 수 있다. 피터 와그너는 *"성령의 은사에 대한 무지는 교회의 성장을 지연시키는 중대한 원인이 될 수 있으며, 많은 그리스도인을 괴롭히는 실망, 불안, 좌절과 죄악의 원인도 될 수 있으며, 하나님을 위한 모든 유효성을 삭감하는 원인이 될 수 있다"* 라고 말한다. 교회에서 성령의 은사에 대한 바른 이해와 활용이 필요함을 강조한다.

먼저 교회는 성도들의 은사가 무엇인지를 알 수 있도록 교육을 하고, 교회 차원에서 그 은사를 활용하도록 허용해야 한다. 피터 와그너는 "성령의 은사를 활용함으로 현재의 크게 눌려 있는 놀라운 성장의 위력이 풀려 나오게 될 것이다"라고 말한다. 모든 교회의 성도는 하나님으로부터 부르심을 받은 것과 그 사람의 성령의 은사와는 밀접한 관계가 있음을 인식해야 한다. 그러나 성령의 은사에 대한 특별한 이해와 관심과 견해가 교회 성장을 위한 틀림없는 처방은 아니다. 그러나 많은 경우에 있어서 성령의 은사에 대한 바른 이해와 활용, 또 그 교회가 각 지체가 성령의 능력에 의하여 서로 협력하는 가운데 기능을 발휘하기 시작하도록 용기를 불어넣어 주는 일은, 마치 예방 접종이 천연두를 예방하는 것처럼, 그렇게 확실하게 그 교회가 침체에서 벗어나서 성장하도록 도와준다.

목회자는 교회 성장을 위해서 그 은사를 발굴하는 분별력과 지혜가 필요하다. 지도자의 성령의 은사에 대한 생각이 어떠한가에 따라서 그 성령의 은사가 교회 성장에 영향을 미칠 수 있다. 그리고 목회자의 성령의 은사의 소유 여부에도 교회 성장에 영향을 줄 수 있다. 연합 교회는 목회자의 강한 능력이 그 교회의 생기와 부흥을 가져오는 결정적인 요인이 된다는 사실을 충분히 인식해야 한다. 목회자의 지도력은 그 교회의 교회 활동의 거의 모든 분야에서 생기를 불어넣는 결정적인 역할을 하며, 또한 교인 수의 증가에도 결정적인 역할을 한다. 그리고 성장하는 교회의 목회자들은 교회 일에 보다 더 많은 영향을 끼치고 일치감을 증진하며 분쟁 문제를 잘 다루어 교회 성장에 대한 보다 더 많은 책임을 감당한 것으로 나타났다. 목회자의 복합 은사가 교회 성장을 위하여 결정적으로 중요한 위치에 있다. 피터 와그너는 목회자가 2가지 이상의 은사를 가진 것을 혼합 은사로 보고 있다. 그리고 적합한 혼합 은사를 가진 적합한 사람이 있을 때 그 교회는 성장을 위한 큰 가능성을 가진다. 목회자의 성령의 은사는 교회 성장을 위해서 발견되어야 하고, 또 몸에 의해서 확증을 받을 필요가 있고, 하나님의 영광과 교회의 성장을 위하여 그 은사를 발전시키고 사용할 필요가 있다. 피터 와그너는 은사를 통한 교회 성장이 오늘날에도 절실히 필요함을 적절히 지적해 주고 있다. 성령의 은사를 통한 섬김이 교회 성장의 중요한 요인이 될 수 있음을 기억해야 할 것이다. 은사는 교회 안에서의 봉사를 위해 사용해야 한다. '은사'는 '*교회에 봉사하기 위해 주어지는 특별한 성령의 선물들*'을 지칭한다(엡 4:7, 12).

바울은 고린도전서 12:8~10에서, 에베소서 4:11, 그리고 로마서 12:6~8에서 은사들의 긴 목록을 제시한다. 이 은사들은 모든 그리스도인이 그리스도의 몸인 교회라는 구조 안에서 봉사하도록 부여받은 성령에 의해 주어진 특별한 능력 내지는 재능이다. 이것은 그리스도께서 이 땅 위에 그의 교회가 세워지는 것을 가능하게 하도록 주신 영적 능력들이며, 성도의 봉사와 교회를 세우기 위한 것으로서 성령에 의해 신자들에게 부여된 특별한 은사들이다. 클레멘스(Clemens)는 이 은사에 대해 '*봉사의 특별한 영역을 위해 하나님이 주시는 능력*'이라고 말했다.[70]

성경은 은사와 섬김에 대해서 "하나님의 성령으로 봉사하며 그리스도 예수로 자랑하고 육체를 신뢰하지 아니하는 우리가 곧 할례파라"(빌 3:3)고 말한다. 성경은 섬김은 하나님의 성령의 능력으로 하라고 말한다. 교회의 많은 성도가 교회 안에서의 봉사를 자신의 노력과 지혜와 능력으로 하여 지속성이 없고 쉽게 지쳐 버리는 것을 보게 된다.

섬김의 은사는 다른 은사에 비해 많은 사람에게 주어진다. 이 은사는 본질적으로 희생적인 성격을 나타내고, 수고와 비난은 자기가 차지하고, 영광과 찬양은 남에게 돌린다. 그리고 자기를 드러내지 않는다. 대가도 바라지 않는다. 성령은 많은 사람에게 섬김의 은사를 주신다. 왜냐하면 이 은사가 다른 은사를 받들어 주어야 하기 때문이다. 적어도 한 교회에 있어서 이 은사를 받은 사람들이 50% 이상이 되어야, 그 교회는 흔들리지 않는 기초를 갖게 된다.

피터 와그너는 교회에서의 섬김에 대해서 "자신들이 가지고 있는 재능을 몸의 다른 지체의 활동에 투여함으로써 그 다른 지체가 그들의 은사의 효율을 증대시키도록 돕는 역량이다"라고 했다. 공동체로서의 교회는 섬기는 은사 소유자들의 봉사로 기초가 든든하게 세워져야 한다. 예수의 선교 공동체를 비롯하여 원시 예루살렘 교회와 바울의 이방 교회에서부터 오늘의 교회에 이르기까지, 교회는 이러한 은사 소유가 없다면 기초를 세워나갈 수 없을 것이다.

성령의 은사는 교회 공동체의 유익과 덕을 위한 것이며, 서로를 섬기기 위한 도구며, 하나님의 선물이라 볼 수 있다. 교회란 하나님의 백성들의 모임이다. 이 교회 공동체는 그리스도의 몸을 이루기 위해서 서로 합력하고 도와주어야 하며, 한 백성과 한 형제자매로서 서로 사랑하고 섬겨야 한다. 교회 공동체에서의 성령의 은사는 하나님께서 그리스도를 믿는 자들에게 주신 선물이라고 했다. 만약 이 은사를 묻어두지 않고, 교회 공동체와 하나님의 영광을 위해 계발하여 사용한다면, 교회 공동체는 더욱 아름다운 모습으로 변화될 수 있을 것이다.

성경에 나타나는 성령의 은사는 교회의 덕을 세우기 위해 모든 성도에게 주어지는 하나님의 영적 선물이다. 은사에 대한 무지와 거부는 교회 사역을 활성화하지 못하게 하며, 교회 성장을 지연시킨다. 하나님의 사역을 위한 모든 효율성을 감소시키는 원인이 될 수 있다. 사랑의 하나님께서는 인간을 구원해 주시고, 성령의 능력이 함께 하여 성도의 삶을 지배하고, 하나님의 사역을 풍성하게 할 수 있도록 하신다.

하나님의 선물인 은사를 잘 활용할 때, 풍성한 신앙과 사역의 열매를 통해 하나님께 영광을 돌릴 수 있다. 은사를 책임 있게 활용하고 실천할 의무를 지닌 우리는 성령의 은사를 간절히 간구해야 하며, 하나님 나라를 위해 담대히 사용해야 한다. 은사는 교회 공동체의 각 구성원에게 주시는 은혜로서 은사를 유효적절하게 활용함으로써 신앙갱신과 교회의 성장을 가져오게 된다. 그러므로 사역자는 각자가 받은 은사대로 충성을 다하여 최대한 은사를 잘 활용하여 은사의 본래 목적과 그 의도를 극대화하여 효율성을 높이는 데 중점을 두어야 할 것이다. 이럴 때 개인뿐만 아니라 교회 공동체에도 유익과 부흥을 가져오게 될 것이다. 성령의 은사는 현대 교회의 침체를 막을 수 있으며, 하나님의 임재를 느낄 수 있으며, 예배와 성도 상호 간의 뜨거운 친교를 증진하고, 전도의 열매를 맺게 하고, 영적인 싸움에서 승리하게 하고, 연약한 신앙인을 강건한 신앙인으로 만들고, 교회 성장에 역동적인 힘을 부여한다.

성령의 은사란 하나님의 은혜의 구체화로 성령의 현존의 능력을 나타낸다. 능력의 근원으로서의 성령께서는 교회로 하여금 공동체의 유익을 주고, 생명력과 활력을 주기 위해 다양한 은사를 주권적으로 베풀어 주시고, 또한 교회의 사명을 세상 속에서 성취하기 위해 능력을 은사를 통해 베풀어 주신다. 다양한 형태로 교회에 나타나는 은사는 그리스도의 몸을 온전히 세우게 한다.

섬김을 통해 교회를 강화하고, 건강하게 유지한다. 교회는 각 은사를 통해 섬김으로써 각 기관이 결속하고, 균형 있게 발전하고, 성장할 것이다. 은사를 통해 공동체는 하나님의 뜻대로 일하는 본질적인 사명에 충실할 수 있다. 그러므로 모든 그리스도인은 자신의 은사를 교회를 위해 사용해야 한다는 것을 분명히 인식하고 실천해야 할 것이다. 성령의 은사란 교회 공동체와 하나님의 영광을 위해 하나님께서 주신 은혜의 선물이므로 성령의 은사를 받은 자들은 교회 공동체와 하나님의 영광을 위해서 겸손과 섬김, 그리고 사랑의 모습으로 생활해야 한다. 그럴 때 하나님께서 세우신 교회 공동체는 하나님의 뜻을 바르게 실현할 수 있고, 더 나아가 사회와 민족 그리고 세계 선교를 위한 전초기지가 될 것이다.

성령의 은사는 개인의 신앙 성장이나 교회 성장을 위해 매우 유익하다. 그러나 은사 활용은 마음대로 되는 일은 아니다. 사람마다 은사 활용 방법이 다르고, 은사 활용 정도가 다르다. 따라서 사역자는 여러 가지 은사 활용 방법을 포괄하면서도 많은 신자에게 거부감 없이 다가갈 수 있는 방법을 연구해야 한다. 교회 안에서 은사 사용을 활발히 전개하기 위해서는 몇 가지가 필요할 것이다.

첫째, 은사는 예수 그리스도를 믿는 자에게 나타난다는 것을 인식시켜야 한다. 그리스도의 몸과 하나가 되는 순간, 구원받는 순간 믿음을 통해 하나님의 은혜를 받으면, 그 속에 나타나는 것이다.

둘째, 은사가 있음을 확신하는 것이다. 모든 사람이 다 자신의 은사를 활용하고 있지도 않을뿐더러, 심지어 그것이 무엇인지 모르는 채 지내고 있다. 하나님의 자녀는 교회를 세우기 위해서, 그리고 언젠가는 자신이 받아야 할 회계감사를 위해서 지금 당장 활용해야 할 한 가지 혹은 그 이상의 은사를 부여받았다는 것을 믿어야 한다.

셋째, 은사 체험이다. 하나님의 사명을 받은 사람에게 그 사명을 감당하기 위해 은사를 주신다. 하나님의 은혜를 알고, 전적으로 하나님께 맡기는 삶, 하나님께 기대하는 삶을 통해 성령의 은사를 체험할 수 있게 된다. 하나님의 자녀에게는 주어진 재능과 그것을 발휘할 기회에 대한 책임이 있다. 은사를 체험하고 활용해야 한다.

III. 신유사역과 지식의 말씀의 은사

신유사역과 지식의 말씀의 은사와는 밀접한 관련이 있다. 신유사역에는 지식의 말씀의 은사가 동반되어 나타나는 경우가 많이 나타나기 때문이다. 본 장에서는 지식의 말씀의 은사의 개념에 대해 더 심도있게 살펴보고, 그 성경적 예들을 통해 지식의 말씀의 은사가 성경적 은사로 다양한 경우에 필요적절하게 사용된 것을 확증해 보고자 한다. 그리고 실제로 유명한 신유사역자의 신유사역 현장에서 어떻게 지식의 말씀의 은사가 나타나며 하나님의 영광을 드러내는지를 살펴보고자 한다.

1. 지식의 말씀의 은사

A. 개념과 이해

오순절주의자들은 여러 곳에 기록된 성령의 은사 중에서 특별히 고린도전서 12장 8~10절에 언급된 9가지 은사를 대표적 은사로 보고 강조하는데, 이 9가지 은사는 학자들에 따라 여러 가지로 분류된다. 계시의 은사(지혜, 지식, 영분별), 능력의 은사(믿음, 능력 행함, 신유)와 구변의 은사(예언, 방언, 방언 통역)로 구분하기도 한다. 또한 초자연적 인식능력의 은사(지혜, 지식, 영분별), 초자연적 행위의 은사(믿음, 능력 행함, 신유)와 초자연적 언변의 은사(예언, 방언, 방언 통역)로 나누기도 한다. 이 '성령의 은사들'(고전 12장)은 인간의 한계를 뛰어넘는 하나님이 주시는 초자연적 영적 은사들로서 관심을 집중시키고 있는 은사들이다.

성령의 은사들의 분류는 학자들에 따라 매우 다양함을 알 수 있다. 이것은 어떤 절대적인 은사의 분류의 기준이 없음을 뜻한다. 본장에서는 앞서 언급된 은사 중에서 본서의 중심 주제가 되는 지식의 말씀의 은사에 대해 자세히 설명하고자 한다. 고린도전서 12장의 9가지 은사 중의 하나인 지식의 말씀의 은사에 대한 학자들의 견해도 다양하다. 지식의 말씀의 은사에 대한 설명을 앞에서 살펴보았다. 하지만 신유의 은사와 관련하여 신유사역에 나타나는 지식의 말씀의 은사에 대한 내용은 발견하기 힘든 것이 현실이다. 본장에서는 특별히 지식의 말씀의 은사를 중심으로 신유사역에 나타나는 지식의 말씀의 은사를 중점적으로 제시하여 보고자 한다.

지식의 말씀의 은사에 대한 정의는 학자에 따라 다르게 설명되고 있다. 따라서 먼저 복음주의 학자들에 의해 제시되는 일반적인 정의를 소개하고, 그 후에 전통 오순절주의자들이 말하는 지식의 말씀의 은사에 대한 정의를 살펴보도록 하겠다. 그리고 앞으로 본

장에 소개되는 신유에 나타나는 지식의 말씀의 은사에 대한 내용은 전통 오순절주의에서 받아들여지고 있는 정의를 수용하여 전개해 나가고자 한다.

일반적으로 복음주의 학자들에 의해 제시되는 지식의 말씀의 은사에 대한 정의는 하나님의 진리에 대한 통찰력을 말하는 것으로 설명된다. 즉 지식의 말씀의 은사(The Word of Knowledge, 고전 12:8)는 계시나 또는 성경적인 통찰을 통해서 그리스도의 몸인 교회에 진리를 전달하는 능력으로 하나님께서 주시는 은사로 보고 있다. 이 은사를 받은 사람들은 다음의 특성들을 보여 준다. 하나님의 교회를 더 잘 섬길 수 있는 진리를 받게 되고, 성경을 열심히 상고함으로 통찰과 이해를 얻게 되고, 진리를 발견하고, 가끔 자연적인 이성으로 얻을 수 없는 지식들을 얻고, 교회를 섬기는데 필요한 놀라운 통찰이나 이해를 갖게 되는 것이다. 그리하여 깨달은 정보들을 잘 조직하여, 가르침과 실천적인 적용을 잘 하게 하여, 교회에 유익을 주는 은사로 보고 있다.

따라서 지식의 말씀의 은사는 그리스도인에게 하나님의 말씀의 교훈을 연구하고, 조직하게 하는 은사이다. 지식의 말씀의 은사를 통해서 신앙인들은 신적 진리를 꿰뚫는 심오한 직관력을 습득할 수가 있다. 이 은사는 특히 성경 번역가들이나, 성경 주석가들에게서 많이 보여진다고 말하여진다. 언더우드(Underwood)의 저서에서 도날드 지(Donald Gee)는 지식의 말씀이 기독교의 설교와 가르침에 각각 관련되고 있다고 주장한다.[71] 그리고 이 지식의 말씀의 기능을 성령께서 특별한 목적을 가지고, 특별한 기회에 신적인 지식이나 사실을 알게 하는 것으로 보았다. 제 3의 물결에 속하는 신은사주의자인 피터 와그너는 이 지식의 은사를 정의하기를 '하나님께서 그리스도의 몸의 성장과 번영에 관한 정보와 사상을 발견하고 쌓고 분석하고 명료하게 하는 능력'이라고 말한다.[72]

그래서 이 은사를 가진 사람은 사람들과 함께 할 때 보다는 학문과 더불어 더 많은 즐거움을 가진다고 한다. 지혜의 말씀, 지식의 말씀의 은사를 받은 사람은 보다 성경을 잘 알게 된다고 말한다. 다른 말로 표현해서 성령께서 성경을 가르쳐 주신다는 것이다. 그것은 성경에 분명히 이르기를 지혜와 지식의 근본은 주 여호와 하나님이시기 때문이며, 보혜사 성령께서는 우리에게 지혜와 진리를 가르쳐 주시기 때문으로 본다. 그리고 그 지혜와 지식의 근본이 되는 하나님 말씀이 적힌 곳이 성경이기 때문이다. 그리고 성경은 성령의 감동에 의하여 기록되어 있다. 그렇다면 이 은사를 받은 사람이 성경을 알게 되는 것을 다른 말로 표현한다면 '저자 직강'이라고 할 수가 있다는 것이다. 이 견해는 주로 개혁주의 보수 교회에서 자주 제시되는 설명이다.

다른 학자는 지식의 말씀이란 사실에 대한 초자연적으로 영감된 언어를 말한다고 설명한다. 신약에 기록되어 있는 '지식'이라는 말의 용법을 잘 연구해 보면 지식이란 무엇이냐고 묻는 질문에 대한 대답을 얻게 된다는 것이다. 이 지식이란 말은 다음과 같은 지식을 말한다. 즉 복음서에 나타나 있는 대로 하나님에 관한 지식이다(고후 2:14). 특별히 바울은 이 지식을 가리켜 하나님께 속한 일들을 아는 지식이라고 설명하였다(고후 10:5; 롬 11:33). 또 지식이란 지성과 이해를 의미한다(엡 3:19). 기독교인의 믿음에 관한 지식을 뜻한다(롬 15:14; 고전 1:5). 기독교에 대한 보다 깊고, 보다 완전하고, 보다 폭이 넓은 지식을 말한다(고전 12:8, 14:6; 고후 6:6, 8:7, 11:6). 지식이란 기독교와 하나님의 진리에 대한 높은 지식을 말한다. 그런데 거짓 교사들은 이와 같은 것들을 자랑한다(딤전 6:20). 올바른 생활 속에 나타난 바와 같은 지식은 도덕적 지혜를 가리키는 수도 있는데(벧후 1:5), 이는 다른 사람과 관련되어 있는 것이다(벧전 3:7). 하나님의 진리와 인간의 의무에 관한 지식을 말하는 수도 있다(롬 2:20; 골 2:3).

이와 같이 복음주의 학자들에 의해 제시되는 지식의 말씀의 은사에 대한 일반적인 정의는 하나님의 진리에 대한 통찰력을 말하는 것으로 설명된다. 즉 지식의 말씀의 은사는 계시나 또는 성경적인 통찰을 통해서 그리스도의 몸인 교회에게 진리를 전달하는 능력으로 하나님께서 주시는 은사로 보고 있음을 알 수 있다. 필자의 견해로는 지식의 말씀의 은사에 대한 이 같은 정의는 넓은 의미의 정의로 볼 수 있다고 생각된다. 하지만 보다 더 적절한 협의의 정의는 전통 오순절주의에서 잘 제시되고 있다고 판단된다.

오순절 교회의 대표적 리더인 조용기 목사는 전통 오순절주의자의 관점에서 지식의 말씀의 은사를 정의한다. 즉 지식의 말씀의 은사는 우리의 환경 중에, 우리가 알지 못하는 여러 가지 사건이 일어나는 중에, 하나님의 나라와 그리스도의 복음을 위하여 하나님의 자녀에게 반드시 알려야만 할 일이 있을 때, 하나님께서 그 부분적인 지식을 성령을 통하여 말씀, 묵시나 꿈, 또는 환상 등의 초자연적인 방법으로 알려주시는 지식이라고 정의한다. 이 은사는 사람을 통하거나 사람의 노력을 통하지 않고, 성령의 계시로 말미암아 초자연적 방법으로 주어지는 지식을 말하는 것이다. 그러므로 지식의 말씀의 은사를 통해서 은밀한 죄가 드러나기도 하고, 질병의 원인이 밝혀지기도 하며, 앞길에 위험한 일이 기다리고 있음을 깨닫게 하기도 한다(행 21:10, 11). 지식의 말씀의 은사를 받은 사람은 인간의 인식 능력을 초월한 하나님의 전지하신 능력이 일시적으로 나타난다. 성경에는 이와 같이 초자연적으로 성령께서 계시해 주신 지식의 말씀의 은사에 관한 사건이 많이 기록되어 있다(삼상 9:20; 왕하 6:8~12; 행 5:3, 4).

그래서 조용기 목사는 지식의 은사와 '지식의 말씀의 은사'를 구별한다. 그 이유는 지식의 은사는 하나님의 모든 지식을 포함하기 때문이다. 그러나 '지식의 말씀의 은사'는 하나님의 전지하신 지식 중에서 하나님께서 사람에게 알려주시기를 원하시는 부분적인 말씀만 계시해 주는 것이기 때문이다. 따라서 '지식의 말씀의 은사'를 받았다는 것은 전지전능하신 하나님의 지식을 모두 받은 것은 결코 아니며, 일반학문이나 성경을 깊이 연구해서 해박한 지식을 갖게 된 것과는 구별된다. 성령의 은사로 나타나는 '지식의 말씀의 은사'는 인위적으로 공부하고, 연구하여 축적하는 지식이 아니라, 오직 성령의 영감으로 위로부터 하나님의 특별하신 뜻에 의하여 그때, 그 장소에서 하나님의 영광을 위해 필요한 감추어져 있던 실상이 깨달아져서 문제가 해결되고, 하나님의 영광이 나타나게 되는 지식을 말한다. 따라서 지식의 은사와 '지식의 말씀의 은사'를 구별되는 것으로 본다. 지식의 은사는 보수 개혁주의 학자들이 주장하는 넓은 의미의 정의를 포함한다면, 지식의 말씀의 은사는 주로 전통 오순절주의에서 제시하는 좁은 의미의 정의를 포함하는 것으로 구분할 수가 있다. 신유사역에 나타나는 지식의 말씀의 은사는 전통 오순절주의에서 제시하는 좁은 의미의 정의가 더 적합하다고 필자는 판단한다.

이 지식의 말씀의 은사를 요약하면, 이 은사는 사람을 통하거나 사람의 노력을 통하지 않고, 성령의 계시로 말미암아 초자연적 방법으로 주어지는 지식을 말하는 것이다. 즉 지식의 말씀의 은사는 우리의 환경 중에 우리가 알지 못하는 여러 가지 사건이 일어나는 중에, 하나님의 나라와 그리스도의 복음을 위하여 하나님의 자녀에게 반드시 알려야만 할 일이 있을 때, 하나님께서 그 부분적인 지식을 성령을 통하여 말씀, 묵시나 꿈, 또는 환상 등의 초자연적인 방법으로 알려주시는 지식을 말하는 것으로 정의하며, 강조되고 있는 것이다. 이러한 방식의 지식의 말씀의 은사는 신유사역자들에게서 현저하게 나타나고 있으므로, 이러한 정의가 신유사역에 나타나는 지식의 말씀의 은사를 설명하는데 타당하다고 볼 수 있다.

그러므로 지식의 말씀의 은사는 숨겨진 혹은 알지 못하는 사실이나 상황을 성령께서 깊은 인상이나 영상 혹은 환상 등을 통해 드러내 주심으로 초자연적으로 알게 되는 지식이라고 할 수 있다. 성령께서 역사하시기 원하시는 어떤 사람이나 상황에서 과거에 일어났던 일, 현재에 일어나고 있는 일, 그리고 앞으로 일어날 일들을 알려주시는 것이다. 구약에서는 이와 같은 은사가 선지자에게만 임하였으나, 신약에서는 성령의 은사를 체험하는 많은 사람들에게 나타나는 것이다. 이 견해는 전통 오순절주의자들이 제시하는 대표적인 견해로 '*지식의 말씀의 은사*'에 대한 협의의 정의로서 적절하게 잘 설명되고 있다고 필자는 판단한다. 그러므로 다음에 소개되는 신유에 나타나는 지식의 말씀의 은사에 대한 설명은 전통 오순절주의에서 받아들여지는 이 정의를 사용하여 내용을 전개해 나가고자 한다.

"지식의 말씀의 은사"와 관련된 한 가지 의문점은 지혜의 말씀의 은사와 관련된다. 그러면 지혜와 지식은 어떻게 다른가? 어떤 학자의 말에 의하면 '지식'은 하나님의 진리에 대한 통찰력을 말하는 것이요, '지혜'란 기독교의 기본 원리에 입각하여 기독교인의 신앙생활을 잘 영위케 하는데 도움이 되는 기술이라고 말한다. 데이어 사전은 지식과 지혜를 한데 모아 취급 하고 있는데, '지식'은 지식 자체를 가리키는 것이고, '지혜'란 행위 속에 나타난 지식이라고 정의하고 있다. 다른 학자는 '지혜'는 사물의 진가를 달관하는 것이고, '지식'은 복음의 요의를 파악 하는 것이요, '지혜'는 내적이고 근본적이고 영원적인 것이나, '지식'은 외적이고 구체적이고 임시적인 것이라고 구별한다. 은사주의자인 로드만 윌리암스는 '지혜의 말씀의 은사'는 설교자에 더 관계되고, '지식의 말씀'은 교사에게 더 관계된다고 구별하고 있다. 이것은 넓은 의미에서의 '지식의 말씀의 은사'에 해당된 다고 볼 수 있다.

하지만 전통 오순절주의에서 말하는 지혜의 말씀은 오직 하나님의 성령의 초자연적인 기적으로 하나님의 지혜가 성도에게 주어져서, 성도는 그 지혜를 통하여 어려운 환경이나 일을 놀랍게 처리하여 문제를 해결함으로 하나님께 영광을 돌리게 되는 것으로 설명한다. 이러한 은사를 받은 사람은 문제를 해결하는 실제적인 지성을 가지고, 올바른 방향을 제시하고, 타당한 결정을 하게하며, 그리스도의 몸의 화합을 돕게 되는 것이다. 반면에 지식의 말씀의 은사는 숨겨진 혹은 알지 못하는 사실이나 상황을 성령께서 깊은 인상이나 영상 혹은 환상 등을 통해 드러내 주심으로 초자연적으로 알게 되는 지식이라고 할 수 있다.

지혜의 말씀의 은사는 불신자들의 주장에 대하여 논박할 때, 특히 긴요하다. 예수님은 그의 사역에서 여러 번 사두개인과 바리새인의 주장에 대하여 지혜의 말씀으로 물리치셨다(눅 20:39~40). 지혜의 말씀은 또한 어려운 상황을 해결하는데 도움을 준다('솔로몬의 아이 재판', 왕상 3:16~28). 이것은 항상 만능의 지혜를 인간이 마음대로 사용하도록 주시는 것이 아니라, 그때그때의 시간과 장소를 아는 어떤 인간으로 해결할 수 없는 난관에 부딪쳤을 때, 하나님께서 우리에게 놀라운 성령의 지혜를 부어 주심으로 그 어려움을 능히 극복하고, 해결해 주신다.

또한 성령께서 선물로 주신 은사인 지혜의 말씀과 지식의 말씀은 원래부터 인간이 가지고 있는 지혜와 지식과는 근본적으로 구분된다. 성령의 은사로서의 지혜와 지식은 세상의 문명과 문화에 대한 것이 아니라, 하나님과 말씀과 그 분의 뜻에 대하여 알게 한다. 성령께서 주시는 지혜와 지식은 바로 하나님을 섬기는 도리와 하나님의 뜻을 알게 하고, 하나님의 아들인 예수 그리스도를 알게 한다. 인간이 가진 본래의 지혜와 지식은 과학과 문명이 가져다주는 은택을 입게 하지만, 성령이 주시는 지혜와 지식은 신앙인들에게 하나님의 은총을 받게 하는 것이다.

성령께서는 지혜와 지식의 말씀을 풍성히 부여하여 주시기를 바라신다. 성령은 전지전능의 하나님이시다. 성령만큼 지식이 풍성하게 넘치는 분이 없고, 성령만큼 지혜로 가득찬 분이 없다. 지혜의 말씀과 지식의 말씀은 성령께서 믿는 자들에게 부어주시는 선물인 것이다. 그러므로 그리스도인은 누구든지 성령으로 말미암은 지혜의 말씀과 지식의 말씀이 충만하도록 간구해야 할 것이다. 우리는 성령께서 주시는 은혜의 선물인 지혜의 말씀과 지식의 말씀을 충만히 받을 수 있도록 항상 기도하며 간구해야 할 것이다.

B. 성경의 예들

다음은 지식의 말씀의 은사가 나타나는 성경적 예들이다. 여러 가지 상황에서 다양하게 지식의 말씀의 은사가 나타나고 있음을 보여준다. 구약에서는 사무엘와 열왕기서에 지식의 말씀의 은사가 나타나고 있다. 먼저 사무엘상에는 하나님께서 기름 부으실 자를 찾는데 지식의 말씀의 은사가 나타난다(삼상 9:11~17). 사무엘상 9장에는 이스라엘 백성들의 요구대로 그들에게 왕이 허락된 후에 하나님께서 선지자 사무엘을 통해 이스라엘 백성의 왕으로 세울 사울이라는 인물을 준비하시는 장면이 묘사된다. 사무엘상 9:11~17에는 하나님께서 사울을 맞이할 수 있도록 준비시키신 사실이 기록되어 있다.

사울로 하여금 사무엘을 찾아 가도록 섭리하신 하나님께서(삼상 9:1~10) 사울이라는 인물에게 기름을 부어 이스라엘의 왕으로 세워야 할 것을 사무엘에게 미리 알게 하신 것이다(삼상 9:15~17). 사울이 오기 전 날에 하나님께서는 사무엘에게 기름 부을 자를 미리 알게 하시고, 사울을 왕으로 기름 부을 준비를 시키신 것이다.

> 사울이 오기 전 날에 여호와께서 사무엘에게 알게 하여 이르시되, 내일 이맘때에 내가 베냐민 땅에서 한 사람을 네게로 보내리니 너는 그에게 기름을 부어 내 백성 이스라엘의 지도자를 삼으라 그가 내 백성을 블

레셋 사람의 손에서 구원하리라….(삼상 9:15, 16)

전지하신 하나님께서 사무엘에게 지식의 말씀을 통해 사울이 올 것을 미리 알게 하시고, 왕으로 기름 부을 준비를 시키시며 하나님의 계획을 정확하게 진행하고 있는 장면이 묘사되어 있는 것이다. 또한 사무엘상 9:20에는 지식의 말씀을 통해 사울에게 사흘 전에 잃어버린 암나귀를 찾았음을 알게 해주는 장면이 나타난다.

사흘 전에 잃은 네 암나귀들을 염려하지 말라 찾았느니라….(삼상 9:20)

사무엘은 사울이 묻기도 전에 먼저 사울이 잃어버린 암나귀에 대해 언급함으로써 그 문제를 해결해 주었다. 이를 통해 사무엘은 자신이 신뢰할 만한 하나님의 선견자임을 시사한다. 사울이 왕으로 세워지는 사무엘상 10장에는 사울이 이스라엘 각 지파 대표들에 의해 제비뽑기 방식으로 왕으로 선출되는 장면이 언급된다(삼상 10:17~27).

제비뽑기를 통해 순차적으로 베냐민 지파, 마드리의 혈족, 기스의 아들 사울이 뽑혔으나 그를 발견하지 못한 백성들이 하나님께 묻는 장면이 나타난다. 그때 하나님께서 사무엘을 통해 사울이 행구(짐 꾸러미) 사이에 숨어있음을 알게 하신다. 여기에서 사울의 행적을 찾기 위해 우림과 둠빔이 사용되었을 것이라고 보는 학자도 있지만, 우림과 둠빔의 사용이 특별히 언급되고 있지 않다는 점에서 하나님께서 선지자 사무엘을 통해 지식의 말씀을 주셔서 응답하셨을 가능성이 높다.

그러므로 그들이 또 여호와께 묻되 그 사람이 여기 왔나이까? 여호와께서 대답하시되 그가 짐보따리들 사이에 숨었느니라 하셨더라. (삼상 10:22)

또한 사무엘상 16장에는 하나님께서 불순종하던 사울을 버리시고, 왕위에 오를 새로운 인물인 다윗에게 선지자 사무엘을 통해 기름을 부은 사실이 기록되어 있다. 사무엘은 베들레헴 땅으로 가서 다윗을 찾아 그에게 기름을 붓는다(삼상 16:6~13). 여기서 사무엘은 이새의 여러 아들들 중에서 누가 왕으로 선택된 자인지를 알아보기 위해 이새의 일곱 아들들을 한 명씩 차례로 자기 앞으로 지나게 하면서 하나님의 선택된 자를 찾지만, 여기에는 선택된 자가 끼어있지 않았다. 하나님께서 사무엘에게 이들이 하나님의 선택된 자가 아님을 알게 하신 것이다. 그리고 사무엘이 이새에게 남은 아들이 더 있는지 물었을 때, 이새는 밖에서 양을 치고 있는 막내아들이 있다고 대답했다. 사무엘은 마지막으로 말째인 다윗을 찾아오게 하여 그가 하나님의 선택된 자임을 선포하며 일어나 기름을 붓는다(삼상 16:12). 여기서 하나님께서 사무엘에게 다윗이 하나님의 선택된 자임을 알게 하신 것을 알 수 있다. 하나님께서 주신 지식의 말씀을 통해 사무엘은 하나님의 선택된 자를 구분 할 수 있었고, 그에게 기름 부었던 것이다.

이에 사람을 보내어 그를 데려오매 그의 빛이 붉고 눈이 빼어나고 얼굴이 아름답더라. 여호와께서 이르시되 이가 그니 일어나 기름을 부으라 하시는지라. 사무엘이 기름 뿔병을 가져다가 그의 형제 중에서 그에게 부었더니 이 날 이후로 다윗이 여호와의 영에게 크게 감동되니라…. (삼상 16:12, 13)

사무엘하 12장에는 하나님께서 선지자 나단을 통해 다윗의 죄를 드러내는 장면이 기록되어 있다. 하나님께로부터 보내심을 받은 나단은 적절한 비유로써 다윗이 우리아의 여자인 밧세바를 취하여 간음하고, 우리아를 죽인 죄가 얼마나 악한 것인가를 지적하였다(삼하 12:1~14). 그리고 이로 인한 심판과 회복의 장면이 나타난다(삼하 12:15~25).

> 나단이 다윗에게 이르되 당신이 그 사람이라 … 너는 은밀히 행하였으나 나는 온 이스라엘에서 앞 백주에 이 일을 행하리라 하셨나이다. (삼하 12:7, 12)

나단은 다윗의 은밀한 범죄까지도 지식의 말씀을 통해 알 수 있었고, 그 죄의 결과로 일어날 심판도 이미 알고 있었다. 여기에서 한 순간의 실수로 범죄한 다윗의 은밀한 죄를 선지자 나단을 통해 드러내시고, 회개하게 하여 회복시키시는 하나님의 사랑이 보여지고 있다. 다윗은 은밀히 범죄하였으나 나단은 지식의 말씀을 통해 다윗의 은밀한 범죄까지도 공개적으로 드러내어 회개시킨 것이다. 여기서는 은밀한 범죄를 드러내는데 지식의 말씀의 은사가 사용되고 있음을 알 수 있다.

열왕기하 5장에는 나아만의 문둥병 치유기사가 나타난다. 이방인을 상대로 한 엘리사의 사역이 소개되는 열왕기하 5장에는 아람 왕의 군대 장관인 나아만이 문둥병에 걸려 여종인 히브리 소녀의 소개(왕하 5:1~4)로 엘리사를 찾아와 병을 고침 받은 사실(왕하 5:5~19)과 엘리사의 사환 게하시가 저지른 범죄(왕상 5:20~27)가 대조적으로 기록되어 있다. 엘리사는 하나님의 역사하심에 의해 치유된 나아만이 문둥병 치유의 보답으로 바치려던 예물을 거절하였다. 반면에 엘리사의 사환 게하시는 재물에 대한 탐욕으로 인해 주인의 뜻을 어기고, 몰래 자기 스승 엘리사의 이름을 도용하여 예물을 받고 숨기려 하였다(왕하 5:20~27). 이에 탐욕과 거짓의 결과로 범죄한 게하시의 범죄 행각은 엘리사를 통해 드러나게 되며 문둥병이 걸리는 심판을 받게 된다.

들어가 그의 주인 앞에 서니 엘리사가 이르되 게하시야 네가 어디서 오느냐 하니 대답하되 당신의 종이 아무 데도 가지 아니하였나이다 하니라. 엘리사가 이르되 한 사람이 수레에서 내려 너를 맞을 때에 내 마음이 함께 가지 아니하였느냐 지금이 어찌 은을 받으며 옷을 받으며 감람원이나 포도원이나 양이나 소나 남종이나 여종을 받을 때냐? 그러므로 나아만의 문둥병이 네게 들어 네 자손에게 미쳐 영원토록 이르리라 하니 게하시가 그 앞에서 물러나오매 문둥병이 발하여 눈같이 되었더라. (왕하 5: 25~27)

엘리사는 지식의 말씀을 통해 그의 사환 게하시가 나아만 장군의 뒤를 쫓아가서 행한 일을 이미 알고 있었고, 그 결과로 문둥병이 게하시와 그 후손에게 옮겨질 것도 알고 있었다. 이 본문에서는 지식의 말씀을 통해 엘리사가 게하시의 몰래 행한 범죄까지 드러내며 심판하는 장면이 나타나고 있는 것이다.

열왕기하 6:8~23에는 이스라엘을 대적자들로부터 보호하시는 하나님의 섭리가 기록되어 있다. 이 본문에는 아람 왕의 1차 침입에 대해 이스라엘의 백성을 보호하시는 하나님의 자비하심이 나타난다. 아람 왕이 이스라엘을 공격할 계획을 세우기만 하면, 이것이 엘리사의 지식의 말씀을 통해 알려져서 이스라엘군이 미리 방비하는 일이 일어난다. 이러한 사실을 안 아람 왕이 엘리사를 체포한 후에 이스라엘을 침략할 계획을 세우는 장면이 기록되어 있다.

이스라엘 왕이 하나님의 사람이 자기에게 고하여 경계한 곳으로 사람을 보내어 방비하기가 한두 번이 아닌지라. 이러므로 아람 왕의 마음이 불안하여 그 신복들을 불러 이르되 우리 중에 누가 이스라엘 왕과 내통 하는 것을 내게 말하지 아니 하느냐? 그 신복 중에 하나가 이르되 우리 주왕이여! 아니로소이다. 오직 이스라엘 선지자 엘리사가 왕이 침실에서 하신 말씀을 이스라엘 왕에게 고하나이다 하는지라. (왕하 6: 10~12) 이 같은 놀라운 지식은 이스라엘의 첩자들을 통해 알아낸 것이 아니라, 하나님의 성령께서 엘리사에게 알게 하여 주신 것이다. 하나님께서 자신의 백성인 이스라엘을 보호하시기 위해 엘리사에게 지식의 말씀을 주셔서 적의 침략으로부터 이스라엘을 보호하신 것이다.

신약에도 지식의 말씀의 은사가 나타나는 본문이 여러 곳에 등장한다. 먼저 예수님의 지식의 말씀의 은사가 복음서에 기록되어 있다. 예수께서는 지식의 말씀을 통해 다른 사람들의 생각을 이미 알고 계셨고 드러내셨다. 마태복음 9:1~8에는 예수의 중풍병자 치유와 예수의 죄 사함의 권세에 대한 기사가 기록되어 있다. 예수께서 중풍병자를 치유하신 후에 *"네 죄 사함을 받았느니라"*(마 9:2)고 선언하시자, 이 말을 들은 서기관들이 속으로 예수를 신성모독자로 정죄한다. 죄를 사하실 수 있는 분은 오직 하나님 밖에 없다고 생각한 것이다. 그들은 인간의 죄를 사하시는 하나님의 아들 예수를 인간으로만 생각하였던 것이다. 이때 서기관들의 마음을 꿰뚫어 보고 계신 예수께서 그 생각을 아시고 자신의 죄 사함의 권세를 나타내신다.

> *어떤 서기관들이 속으로 이르되 이 사람이 신성을 모독하도다. 예수께서 그 생각을 아시고 이르시되 너희가 어찌하여 마음에 악한 생각을 하느냐?* (마 9:3, 4)

성령으로 충만하신 예수께서는 지식의 말씀을 통해 서기관들의 마음의 깊은 곳까지 정확히 알고 계셨던 것이다. 성경에는 인간 마음의 깊은 곳을 알고 꿰뚫어 볼 수 있는 것은 오직 하나님의 능력으로만 할 수 있는 일이라고 언급되어 있다(대상 28:9; 렘 17:10; 요 2:25; 롬 8:27; 계 2:23). 따라서 이 같은 일은 전지하신 하나님의 영이 예수께 임하여 나타난 것임을 알 수 있다. 인간의 한계를 지니시며 지상의 생애를 사셨던 예수께서는 성령으로 충만하여 하나님의 아들로서 권능을 보여주시며, 놀라운 이적들을 행하시며, 복음을 전파하셨던 것이다.

마태복음 17장 24~27에는 성전세 납세 문제에 대한 기사가 기록되어 있다. 당시 유대인의 예배 중심지였던 예루살렘의 성전을 유지하기 위해 성전세를 거두어들이고 있었다. 20세 이상의 모든 남자는 반 세겔씩 내도록 규정되어 있었다. 성전보다 크신 분이신 하나님의 아들 예수께서는 성전세가 면제되셨지만, 무모한 분쟁을 피하기 위해 베드로에게 바다낚시를 통해 필요한 돈을 마련하여 성전세를 내도록 하셨다. 예수께서는 베드로에게 바다에 가서 낚시를 던져 고기를 잡으면 그 속의 입을 열면 돈 한 세겔이 있을 것임을 말씀하시고 그것을 성전세로 내게 하셨다. 예수께서는 지식의 말씀을 통해 기적적으로 한 세겔을 물고 있는 물고기를 바다낚시를 통해 잡을 것임을 미리 알고 계셨고, 그것으로 성전세를 내게 하신 것이다. 예수께서는 입 안에 동전을 물고 있는 물고기의 기적을 통해 하나님의 공급하시는 표적을 보여주신 것이다.

> 그러나 우리가 그들이 실족 하지 않게 하기 위하여 네가 바다에 가서 낚시를 던져 먼저 오르는 고기를 가져 입을 열면 돈 한 세겔을 얻을 것이니 가져다가 나와 너를 위하여 주라 하시니라 *(마 17:27)*

요한복음 4장에는 예수와 사마리아 여인과의 대화 장면이 나타난다. 예수의 두 번째 강화인 본문(요 4:1~26)에는 예수께서 이방인으로 취급되던 사마리아 여인을 전도하는 장면이 기록되어 있다. 사마리아 여인과의 대화에서 예수께서는 사마리아 여인의 과거와 현재를 이미 알고 계셨음을 보여준다.

> 이르시되 가서 네 남편을 불러 오라. 여자가 대답하여 이르되 나는 남편이 없나이다. 예수께서 이르시되 네가 남편이 없다 하는 말이 옳도다. 네가 남편 다섯이 있었고 지금 있는 자도 네 남편이 아니니 네 말이 참되도다. 여자가 이르되 주여 내가 보니 선지자로소이다. *(요 4:16~19)*

예수께서는 사마리아 여인의 신분을 이미 알고 계셨고, 그녀의 죄를 깨닫게 하시면서 자신의 그리스도로서의 신분을 드러내신다. 자신의 다섯 남편들을 거론한 예수의 지식의 말씀을 통한 통찰력과 예지에 놀란 사마리아 여인은 예수를 선지자로 이해하게 되었다. 예수께서는 본문의 사마리아 여인과의 대화에서 지식의 말씀을 통한 통찰력과 예지를 보여주시면서 그리스도로서 능력을 나타내시며 사마리아 여인을 전도하신 것이다.

또한 요한복음 4장의 후반부에는 예수께서 왕의 신하의 아들의 병을 고치시는 기사가 기록되어 있다(요 4:43~54). 예수께서는 당시 갈릴리의 영주였던 헤롯의 신하의 간청에 의해 거의 죽게 된 그의 병든 아들을 살려주셨다. 이것은 요한복음 7대 표적 중의 두 번째의 것이다. 병을 고쳐달라는 신하의 요청에 예수께서는 아이에게 가시는 대신에, 치유의 선언을 하셔서 신하의 아들이 살아났음을 신하에게 미리 알게 하셨고, 이를 믿은 신하는 내려가던 길에 그 종들을 만나서 예수께서 말씀하신 그 때에 아들의 병이 치유되었음을 알고 자기와 온 집이 다 예수를 믿게 되었다. 두 번째 표적을 통해 예수의 생명을 주시는 주권이 강조되고 있다. 이 본문에서도 병을 치유하시는 예수의 권능과 함께 왕의 신하에게 이미 병이 나은 것을 알려주시는 지식의 말씀이 나타나고 있다.

예수께서 이르시되 가라 네 아들이 살아있다 하시니, 그 사람이 예수께서 하신 말씀을 믿고 가더니, 내려가는 길에서 그 종들이 오다가 만나서 아이가 살아 있다 하거늘, 그 낫기 시작한 때를 물은즉 어제 일곱시에 열기가 떨어졌나이다 하는지라. 그의 아버지가 예수께서 네 아들이 살아있다 말씀하신 그 때인 줄 알고 자기와 그 온 집이 다 믿으니라. (요 4:50~53)

사도행전 5장에는 아나니아와 삽비라의 사건이 기록되어 있다(행 5:1~11). 초대 교회는 한 마음과 한 뜻이 되어 믿는 자들이 모든 물건을 서로 통용하고 자신의 재산을 팔아 사도들에게 주며 각 사람의 필요에 따라 나누어 사용하였다. 아나니아는 그 아내 삽비라와 함께 소유를 팔아 그 값에서 얼마를 감추고 일부만을 가져다가 사도들에게 주면서 전부라고 거짓말을 하였다.

이것은 교회를 속이는 것으로 순수한 공동체에 해를 끼치는 죄가 되며, 살아 역사하시는 하나님의 권능을 만홀히 여기는 죄가 되어 하나님의 징계를 받게 된다. 이에 베드로는 아나니아의 소행을 사탄이 마음에 가득한 행동으로 보며 하나님께 거짓말을 한 것으로 책망하며 심판을 선언하였다. 아나니아의 죄는 은밀한 죄 혹은 개인적인 죄 같지만, 실제로는 순수한 공동체인 교회의 전진을 가로막고 해를 끼치는 공적인 죄였다. 베드로가 이르되 아나니아야 어찌하여 사탄이 네 마음에 가득하여 네가 성령을 속이고 땅 값 얼마를 감추었느냐? 땅이 그대로 있을 때에는 네 땅이 아니며 판 후에도 네 마음대로 임의로 할 수가 없더냐? 어찌하여 이 일을 네 마음에 두었느냐 사람에게 거짓말 한 것이 아니요 하나님께로다. 아나니아가 이 말을 듣고 엎드러져 혼이 떠나니 이 일을 듣는 사람이 다 크게 두려워하더라. (행 5:3~5)

베드로는 지식의 말씀의 은사를 통하여 아나니아와 삽비라가 한 일을 이미 알고 있었고 책망하였다. 하나님께서 베드로에게 주신 지식의 말씀의 은사를 통하여 주의 영을 시험하는 자들의 죄를 드러내시고 심판하신 것이다. 이를 통해 인간의 모든 생각과 행위를 감찰하시는 하나님 앞에 모든 사람들이 정직하고 진실해야 함을 보여준다. 교회의 신앙의 순수함을 흐리게 하며 결정적인 순간에 교회의 분열과 파탄을 조장하는 위선적인 행위는 지양되어야 한다. 인간과 인간 상호간의 참된 교회의 진실성과 순수성을 해치며, 하나님과의 올바른 관계성을 파괴하는 거짓과 속임을 믿는 자들은 마땅히 경계해야 한다. 초대 교회의 일원인 아나니아와 삽비라 부부의 위선적인 거짓 믿음에 대해 하나님께서 심판하셨다. 본문은 교회란 단순히 사람들이 모인 인간 단체가 아니라, 성령께서 임재하셔서 다스리시는 하나님의 전임을 상징적으로 교훈하여 주고 있다. 믿는 자는 하나님 앞에서 정직하고 신실하게 살아야 한다. 교회는 인간적인 거짓의 불순물을 제거하고 순수함으로 새로워져야 한다. 본문은 성령께서 계시하신 지식의 말씀의 은사를 통해 범죄한 사람의 모든 비밀이 드러나게 되며 심판이 선언되는 것을 보여준다.

이와 같이 지식의 말씀의 은사는 여러 가지 상황에서 다양하게 나타나고 있음을 볼 수 있다. 전통 오순절주의에서 말하는 지혜의 말씀은 오직 하나님의 성령의 초자연적인 기적으로 하나님의 지혜가 성도에게 주어져서, 성도는 그 지혜를 통하여 어려운 환경이나 일을 놀랍게 처리하여 문제를 해결함으로 하나님께 영광을 돌리게 되는 것으로 설명한다. 이러한 은사를 받은 사람은 문제를 해결하는 실제적인 지성을 가지고, 올바른 방향을 제시하고, 타당한 결정을 하게하며, 그리스도의 몸의 화합을 돕게 되는 것이다. 반면에 지식의 말씀의 은사는 숨겨진 혹은 알지 못하는 사실이나 상황을 성령께서 깊은 인상이나 영상 혹은 환상 등을 통해 드러내 주심으로 초자연적으로 알게 되는 지식이라고 할 수 있다.

2. 신유사역에 나타나는 지식의 말씀의 은사

신유사역은 어느 시대를 막론하고 필요하며 오늘날의 교회에도 반드시 필요한 사역이다. 또한 신유사역은 예수님의 3대 사역 중의 하나였다. 하나님의 말씀을 가르치시고, 천국복음을 전파하시며, 병든 자들을 고치시는 것이 예수 그리스도의 3대 사역이었다. 본 단락에서는 신유사역의 정의와 중요성 그리고 그 의미를 살펴보고자 한다. 그리고 미래에도 교회의 중요한 사역 중의 하나가 될 신유사역을 효과적으로 펼쳐나가기 위해 신유사역에 동반되는 지식의 말씀의 은사에 대해 보다 확실히 인식하고, 확고히 마음속에 새기며, 하나님의 나라를 위해 담대히 사용할 필요가 있다. 미래에도 하나님을 떠난 현대인들에게 하나님의 신유의 무한한 능력을 인식케 하여 하나님의 살아계심을 깨닫고, 하나님께로 돌아오게 하는 교회의 중요한 사역중의 하나가 신유사역이 될 것이다.

효과적이고 활발한 신유사역을 펼쳐나가기 위해서는 신유사역에 지식의 말씀의 은사가 수반되어 나타나는 것이 필요하다. 신유사역에는 지식의 말씀의 은사가 동반되어 나타나는 경우가 많다. 유명한 신유 사역자들의 경험담이나 간증집을 읽어보면, 그들의 신유사역에 지식의 말씀의 은사가 함께 동반되어 나타나는 것을 어렵지 않게 발견할 수 있다. 신유 사역자들의 사역에 지식의 말씀의 은사가 동반되어 나타남으로써 놀라운 성령의 역사하심을 체험하게 되고, 하나님의 살아계심을 생생히 증거하게 되는 것이다. 신유 사역자는 하나님의 사역을 능력있게 감당하기 위해 하나님의 모든 은사를 받을 수 있도록 간구해야 할 것이다. 그리고 은사를 사용할 사역의 기회가 주어진다면, 그 은사를 하나님 나라의 확장을 위해 담대히 사용하여야 할 것이다.

본 단락에서는 특별히 유명한 신유사역자들의 신유사역에 동반되는 다양한 방식의 지식의 말씀의 은사를 살펴보고, 지식의 말씀의 은사에 대해 보다 확실히, 구체적으로 실제적 체험을 통해 이해하여 보고자 한다. 신유사역에 나타나는 지식의 말씀의 은사를 이해하기 위해 먼저 신유사역에 대한 중요 내용들을 간략히 개략하여 제시하여 보고자 한다.

영,혼,육의 일반적 치료를 하나님을 의지하였을 때 치유(Healing)라고 한다면, 인간의 능력으로 도저히 나을 수 없는 질병을 하나님의 능력으로 직접 치유하는 것을 신유(Divine Healing)라고 할 수 있다. 신유와 비교할 때, 치유는 하나님의 능력으로 인한 신유와 의학적인 기술로 일어나는 치료를 포함한다. 신유가 하나님의 능력으로 인한 치료만을 의미한다면, 치유는 의학적인 치료의 의미를 함께 포함한다. 따라서 신유란 말은 문자적으로는 신적인 능력에 의해 치료되는 것, 즉 하나님에 의한 치료를 의미한다.

신유는 하나님의 초자연적 능력으로 온전치 못한 마음과 신체가 질병으로부터 깨끗하게 회복되는 것으로 세속적 방법의 치병 행위가 아닌 거룩한 방법이며, 하나님의 섭리에 따른 것이기 때문에 신적치유(Divine Healing)라고 부른다. 신유는 영과 혼과 육이 하나님과의 바른 관계에 있으므로 몸과 마음이 평안한 상태에 있게 된다. 자연적, 의약적, 상담적 치료와는 다르게 신유(Divine Healing)는 하나님께서 직접 고치시는 것이다. 어떤 인위적 처방의 치료방법과는 별도로 하나님께서 개인의 정신이나 영이나 육체에 직접 개입하셔서 치유되는 것이 신유(Divine Healing)인 것이다. 따라서 자연적인 것이나 인간에게 하나님께서 주신 일반 은총으로 치유가 되지 않은 것을 오직 하나님께서 직접 고쳐주신 것을 신유(Divine Healing)라 할 수 있다.

또한 신앙 치유(healing by faith)는 하나님의 치유의 역사가 그분의 주권에 의해 또한 인간의 병 낫기를 원하는 간절한 믿음의 기도에 대한 응답으로 일어난다. 신유는 믿음(faith)으로 병이 치유된다고 하여 영어로는 'faith healing'이라고 한다. 즉 병 낫기를 원하는 인간의 믿음이 결정적 요인이 된다. 이 용어의 신유(Divine Healing)와의 강조점의 차이는 신유(Divine Healing)는 하나님 편에서의 행위를 강조한다면, 신앙 치유(healing by faith)는 믿음(faith)이라는 개념을 부각시키며 인간 편에서의 믿음에 의한 치료를 강조하는 것이라고 할 수 있다. 그러나 믿음이 치유의 과정에서 중요하지만 모든 치유는 하나님의 은혜임을 분명히 인식하는 것이 중요하다. 모든 치유의 근원이신 하나님을 궁극적으로 바라보아야 하는 것이다. 치유의 은혜는 하나님께로부터 나오는 것이므로 인간 편에서는 치유를 믿음으로 간구해야 할 것이다(약 5:15)

신유는 하나님의 초자연적인 능력이 병자에게 임하여 병이 온전히 낫는 것을 말한다. 그래서 신유는 신적 치유(Divine Healing), 기적 치유(Miracle Healing), 신앙 치유(Faith Healing), 초자연적 치유(Supernatural Healing), 영적치유(Spiritual Healing) 등으로 불릴 수가 있는 것이다. 인간은 하나님의 형상대로 창조된 존재이다(창 1:26). 이 말은 곧 치유란 하나님의 형상대로 회복되는 것을 의미한다. 치유는 인간이 육체적으로, 정신적으로 영적 혹은 사회적인 질환으로부터 하나님의 형상으로 회복되는 것이다. 그러므로 치유는 온전히 만드는 일, 다시 회복하는 일을 말한다. 즉 치유는 생의 위기나, 전기 또는 시험을 이기게 하고, 도덕적 결함을 고치며, 본성적, 후천적 모든 결함이나 와해 등을 회복시키며, 완전케 하고, 유지하며 인도하는 총체라고 말할 수 있겠다.

성경에서의 신유의 기록은 대단히 많다. 이 같은 신유와 이적 기사들은 계몽주의의 대두와 함께 논의의 초점이 되기는 하였으나, 대체로 19세기까지는 기독교 신학에 있어서 이러한 기적을 예언과 더불어 하나님의 계시에 대한 것으로 확신되어 왔다. 특히 전통 신학은 기사와 이적을 계시의 합리성과 기독교의 절대성을 보증하는 필요불가결한 요소로 생각하였으며, 그 역사성에 대한 신앙의 합리성도 의심하지 않았다. 따라서 전통적인 신앙의 입장에서 보면, 이 같은 기사와 이적은 언제, 어디서나 하나님이 원하시면 얼마든지 일어날 수 있는 것이다.[73]

실제로 성경에 나타난 모든 이적과 치유 행위는 언제나 복음 선포와 함께 깊은 종교적 의의를 가지는 메시아적 활동이었으며, 이것은 또한 예수 당시뿐만 아니라 고대 기독교 선교활동에 있어서도 결코 없어서는 안 될 선교의 중요한 도구가 되기도 했다.[74] 신유사역이란 위와 같이 신유를 실행하는 것을 뜻한다. 즉 신유사역이란 아담 이후 죄로 인하여 병들고 상처 입은 영, 혼, 육의 질병을 치유하고 회복하는 것으로 정의할 수 있다. 예수의 사역은 가는 곳마다 영혼이 병든 자들에게 하나님 나라를 선포하시고, 마음에 병들고 방황하는 자들에게 하나님 말씀을 가르치고, 육체적으로 병든 자들을 치유하시는 치유와 회복의 사역을 하셨다. 신유사역이란 신유사역자가 영적으로, 정신적으로, 육체적으로 각종 질병에 빠진 자들을 전인적으로 온전케 하기 위하여 하는 사역을 말한다. 그러므로 온전한 신유사역이란 영적으로 하나님과 단절되고, 마음에 상처와 질병으로 고통당하는 자, 그리고 육체적으로 병들어 고통당하는 자들을 전인적으로 치유하고 돌보는 것을 의미한다.

19세기부터 불붙기 시작한 신유사역은 20세기를 넘어 21세기에 들어선 지금까지 전 세계적으로 확산되어 나가고 있다. 특히 한국 교회는 신유사역이 어느 특정 교단이나 교파를 초월하여 목회자와 그리스도인에게 전개되고 있다. 그러나 이와 같은 현상 속에서도 실제 목회자들을 양성하고 가르치는 신학교와 교회에서는 치유사역에 대한 훈련과정과 교육이 거의 없는 상황으로 인해 신유사역에 대한 오해와 함께 신유사역이 활성화되지 못하는 원인이 되고 있다.

한국 교회도 성령의 역동적인 역사와 신유와 은사운동을 통해 70년대와 80년대에 비약적 교회 성장을 가져 왔다. 그리고 이러한 하나님의 은사는 세상 사람들이 복음을 받아들이는 매개체가 되어 많은 사람들을 구원받게 하였다. 물론 여러 가지 문제점이 제기된 것도 사실이다. 예를 들어 신유가 신비주의나 기복적으로 흐르면서 기독교의 본질인 구원과 영생보다 현세적 치유에 더욱 중점을 두는 듯한 형태가 나타난 것도 사실이다. 그러나 한 가지 분명한 것은 신유는 예수님의 사역 중에 가장 중요한 사역 중의 하나였으며, 초대 교회가 복음을 전했던 강력한 무기중의 하나였다는 것이다.

그런 의미에서 신유는 어느 시대를 막론하고 필요한 것이며, 오늘날 교회에도 반드시 필요한 것이다. 언제나 변함없는 하나님의 신유의 역사가 왜 현대 교회에는 초대 교회보다 잘 일어나지 않는 이유는 무엇일까? 이러한 것들을 반성해 보고, 신유사역에 대한 인식을 변화시킴으로써 그리스도인의 신앙생활 속에서 실제적인 능력과 신유를 체험하며 살아가는 신앙을 갖도록 하는 것이 필요하다.

하나님의 말씀을 가르치시고, 천국복음을 전파하시며, 병든 자들을 고치시는 것이 예수 그리스도의 3대 사역이었다. 특별히 병 고침의 사역은 하나님의 나라를 선포하시고 하나님의 말씀을 증거하시는 사역과 동일한 비중을 차지했던 중요한 구원의 사역이었다. 하나님의 나라의 복음이 선포되는 곳곳마다 교단과 지역을 초월하여 예수 그리스도의 온전한 3대 사역이 온전히 이루어져야 할 것이다. 신유는 오순절주의자들에게 있어 오순절 운동의 제2의 특징이 될 만큼 강조되어 왔다. 오순절주의자에게 있어 신유는 예수님의 대속사역에 근거하고 있으며, 신학적으로는 성령론이 아니라 속죄론에 근거하고 있다. 완전한 구원의 온전한 복음 속에는 치유가 포함되어 있는 것이다. 신유의 기적을 하나님의 구원의 일부로 받아들이며, 하나님의 능력의 임재로 인식하고 있는 것이다.

치유사역은 신약의 복음서와 기타 서신서에 빈번히 기록되어 나타나고 있다. 치유는 예수님의 주요 사역중의 하나였다. 세례요한이 감옥에서 그의 제자들을 예수께 보내어 당신이 정말로 오실 그 그리스도이신가를 질문했을 때, 예수님은 이사야서 35장 5~6절과 61장 1절의 약속이 성취되었음을 언급하심으로서 응답하셨다.

> *맹인이 보며 못 걷는 사람이 걸으며 나병환자가 깨끗함을 받으며 못 듣는 자가 들으며 죽은 자가 살아나며 가난한 자에게 복음이 전파된다 하라*(마 11:5; 눅 7:22).

예수님의 치유사역은 사도행전 10장 38절에서도 증거되고 있다. 공관복음서에서 예수의 사역을 언급할 때, 치유는 언제나 등장하게 된다. 예수께서는 "천국 복음을 전파하시며 백성 중에 모든 병과 모든 약한 것을 고치셨다"(마 4:23).

예수님의 설교와 가르침, 그리고 치유 사역은 "하나님의 나라가 가까웠다"(막 1:15)는 사실을 보여주었다. 예수님은 이사야서 61장 1~2절의 예언이 자신에게서 성취되어 하나님의 나라가 임했음을 선포하셨다(눅 4:17~21). 예수님은 병자를 고치시며, 귀신들을 내어 쫓으심으로 하나님의 나라를 시작하시며 성취하셨다.

> 내가 하나님의 성령을 힘입어 귀신을 쫓아내는 것이면 하나님의 나라가 이미 너희에게 임하였느니라(마 12:28; 눅 11:20).

위에 기술된 것처럼 예수님은 치유를 통해 모든 악한 세력의 지배에서 인간을 자유케 하시기 위해 하나님의 능력과 사랑을 보이셨다. 예수님의 치유사역은 미래의 사람들이 그들의 죄와 병에서 치유 받을 것을 보여주시고 상징하는 것이다.

> 이는 선지자 이사야로 통하여 하신 말씀에 우리의 연약한 것을 친히 담당하시고 병을 짊어지셨도다 함을 이루려 하심이더라 (마 8:17)

교회의 치유사역은 예수님의 공생애 시에 제자들에게 주어졌던 사도적 권능에 근거한다. "예수께서 그 열 두 제자를 부르사 더러운 귀신을 쫓아내며 모든 병과 모든 약한 것을 고치는 권능을 주시니라"(마 10:1; 막 6:7~12; 눅 9:1~6). 치유와 축귀는 전도의 일부였음이 명확하다. 이것은 믿는 자들에게 따르는 표적으로 나타난다.

> 믿는 자에게는 이런 표적이 따르리니 곧 그들이 내 이름으로 귀신을

쫓아내며…, 병든 사람에게 손을 얹은즉 나으리라 하시더라(막 16:17, 18)

치유의 주목적은 사람들을 궁극적 구원, 즉 영생으로 인도하기 위해 하나님의 의도와 능력을 가시적으로 보여주는 것이다. 즉 치유의 열매는 궁극적으로 회개로 이끌어져야 하는 것이다. 이것은 사도행전에서 여러 번 증거되고 있다(행 4:4; 9:35~42). 오늘날의 교회에도 신유사역은 권장되고 활성화되어야 한다. 하나님은 믿는 자의 기도에 응답하셔서 치료하신다. 신유는 믿음의 공동체 내의 장로들(목회자들)의 사역 상황에서 일어나기도 한다. 하나님께서는 복음이 전파될 때, 하나님의 복음에 대한 시청각 효과를 높이기 위해 치유하신다. 하나님은 특별한 신유의 은사를 통해 치유하신다.

예수 그리스도의 십자가의 치유능력이 우리들의 삶에 회복되어 우리에게 생명과 활기와 힘을 더해준다. 우리는 "속으로 탄식하여 양자될 것 곧 우리 몸의 속량을 기다리고"(롬 8:23)있는데, 치유는 그 완전한 삶의 상징적 그림자이다. 치유가 지체 가운데 일어날 때, 믿는 자들의 능력을 이 세상에 보여주게 된다. 치유는 복음 제시에 효과적이다. 불신자들이 그리스도인에 의해 행해지는 치유를 경험할 때, 그들은 복음을 제시받게 되는 것이다. 우리의 복음이 말로만 그들에게 제시되는 것이 아니라 오직 능력과 성령과 큰 확신으로 제시된다(살전 1:5). 신유를 통해 하나님께서는 구원의 능력을 나타내시고, 믿음의 응답이 사람의 지혜에 있는 것이 아니라 하나님의 능력에 있음을 알게 하신다(고전 2:5).

신유사역이야말로 기독교의 교리 중 가장 핵심인 구속과 하나님의 사랑이라는 영역이 현실로 나타내지는 것이라 믿는다. 신약성경은 사탄과 죄와 병을 이기는 교회의 권세에 대해 의문의 여지를 남겨 놓지 않는다. 그럼에도 불구하고 오늘날 하나님의 백성들은 그 원래의 권능과 확신이 매우 부족하다. 이것은 부분적으로 특정한 잘못된 개념들이 우리들의 생각 속에 뿌리를 내렸기 때문이다.[75] 그러므로 신유에 대한 부정적인 견해를 극복하고, 긍정적인 견해들을 가지고, 우리의 신앙을 재검토하여 성경의 신유사역에 대한 합당한 해석과 그 의미를 깨달아, 신유에 대한 올바른 자세를 가져야 할 것이다.

　신유사역은 오늘날의 시대에도 절실히 필요하다. 영, 혼, 육이 병들어 있는 현대인들의 필요를 채우기 위해 치유는 필요하다. 육체의 치유는 단순히 몸의 치유 이상을 포함한다. 치유는 치료된 자와 그 곳에 모인 사람들에게 하나님의 임재를 경험하게 한다. 치유의 역사가 일어날 때 사람들은 하나님의 살아계심과 임재를 더욱 확실히 느끼게 되며, 복음에 대한 적대감이 사라지고 마음을 열게 되는 것이다. 치유는 복음전도에 있어 사람의 마음을 여는 촉매제 역할을 하게 되며, 많은 사람들이 죄를 회개하고 주께로 돌아오게 하는데 효과적인 수단이 된다. 신유는 복음 전도의 중요한 사역으로 예수 그리스도의 대속의 능력을 증거하며, 많은 사람을 하나님의 나라로 인도하는데 효과적인 하나님의 임재를 나타내며, 체험하게 하는 것이다. 오늘날의 교회는 이 같이 복음 전도의 중요한 사역으로 하나님의 임재를 나타내며, 체험하게 하는 치유사역을 더욱 더 적극적으로 전개해야 할 필요가 있다. 예수 그리스도의 사역 속에 나타난 신유사역이 하나님의 뜻임을 온전히 확신하고 실행해 나가야 할 것이다.

신유는 영적 구원과 밀접한 관계에 있음을 잊어서는 안 된다. 영적구원과 신유와의 중대한 관계를 주목해야 한다. 신유는 예수와 하나님의 나라가 임재한 자연적인 결과이며, 신유와 구원과는 불가분의 관계를 가지고 있다. 신유는 개인에게 있어 전인성의 회복이며, 세상에 대해서는 절대 주권자 되신 예수 그리스도의 현존이며, 하나님 나라의 표적임을 기억하며 신유사역을 중요한 사역으로 실천하며 활성화시켜 나가야 할 것이다. 신유사역은 오늘날에도 지속되어야 할 사역이다. 하나님은 우리에게 병을 주시는 분이 아니고, 우리를 치료하시는 하나님이시기 때문에 구약성서는 하나님 자신의 이름을 '여호와 라파'(출 15:26)라고 하셨다. 하나님은 우리가 건강하게 사는 것을 원하시며, 병들어 고통당하는 것을 원치 않으신다. 창세기부터 요한계시록에 이르기까지 성경은 인류의 가장 큰 문제인 죄와 질병과 죽음으로 고통당하고 눌린 자를 구원하고, 치유하여, 온전한 하나님의 형상으로 회복시키는 이야기들이다.[76]

신유사역의 모델이 되시는 예수님은 제자들에게 신유사역을 지속적으로 계속 할 것을 명령하셨다. 예수님은 직접 신유사역의 모범을 보여주셨을 뿐만 아니라 그의 제자들에게 천국 복음을 전파하며, 병든 자를 고치며, 귀신들린 자를 쫓아내고, 앉은뱅이와 반신불수를 일으켜 세우라고 명령하시고, 실제적인 권능도 주심으로 그의 치유 사역이 계속되기를 기대하고 있음을 알 수 있다(마 10:7~8; 막 3:14~15). 그리고 이런 놀라운 신유의 능력이 그의 제자들을 통하여 실제로 나타났으며, 지속되어온 것이 사실이다(행 2:33, 4:30). 오늘날의 교회에도 예수님의 신유사역은 계속해서 이어져야 하고, 예수께서는 그의 교회를 통하여 지금도 역사하시고 있다. 예수 그리스도의 신유사역은 지상생애 동안 혼자만 행하시고 끝나신 사역이 아니다. 제자들에게 친히 병을 고치시는 모습을 보여주셨고, 가르치셨고, 행하도록 명령하신 것이다. 심지어 신유사역을 하지 못하고 있던 제자들을 책망하시기도 하셨다(막 9:14~29).

이처럼 신유사역은 예수 그리스도의 3대 사역으로서 복음 전파에 있어서 매우 중요한 사역이며, 제자들에게 친히 가르치시고, 행하기를 원하시는 사역이다. 예수 그리스도의 신유사역은 승천 이후에도 중단되지 아니하고, 교육과 훈련을 받은 제자들을 통하여 계속되어졌다. 이것은 예수님께서 신유사역이 계속되어지기를 원하신다는 것을 보여주는 것이다. 예수 그리스도의 복음전파 사역 가운데 신유사역이 있었던 것처럼, 오늘날에도 병들고 상처 입은 사람들을 위한 신유의 역사가 필요한 시대이다. 예수님 당시에도 주님께서 유대 땅을 다니시면서 눈먼 자, 병든 자, 귀신 들린 자, 정신병자 등을 고치시며 기적을 행하시며 복음을 증거하셨다. 이러한 신유사역은 예수님의 지상생애 뿐만 아니라 초대교회 시대에도 그랬고, 중세기에도 그랬고, 지금도 마찬가지로 효과적 복음전파를 위해 필요한 사역이다.

예수님은 '어제나 오늘이나 영원토록 동일하신 분'이시다(히 13:8). 어제나 오늘이나 영원토록 변함없이 동일하신 예수님은 성경의 말씀대로 그분의 능력으로 치료하신다. 그러므로 신유사역자들은 병들어 고통당하는 사람들에게 신유사역을 담대하게 수행해야 한다. 신유사역자들은 하나님께서 허락하신 사역이며, 성경적인 사역이고, 예수님의 사역을 본받는 중요한 사역인 신유의 사역을 활발히 전개해 나가야 한다.

예수님의 신유사역에 대해서 성경은 "그가 찔림은 우리의 허물 때문이요 그가 상함은 우리의 죄악 때문이라 그가 징계를 받음으로 우리는 평화를 누리고 그가 채찍에 맞음으로 우리는 나음을 입었도다"라고 했다 (사 53:5). 예수님의 대속에는 죄 사함과 함께 병으로부터의 구원이 포함되어있음을 보여주고 있다. 사역자들은 주님의 대속사역을 근거로 확신을 갖고 신유사역을 계속 전개해야 한다. 교회는 성경적 신유사역에 대한 교육을 통해 다양한 방법으로 신유사역의 지속성을 강조하며 실행해 나가야 할 것이다. 신유사역의 지속 명령에 대한 올바른 인식은 오늘날의 신유사역에 대한 자신감과 믿음과 담대함을 가져오게 될 것이며, 이는 교회의 건전한 사역으로 정착되게 하는데 기초가 될 것이다. 교회는 신유 명령에 대한 올바른 인식과 실제적 적용을 통해 올바른 은사운동과 신유사역을 목회 현장에 적용하여 펼쳐 나갈 수 있어야 한다.

신유사역은 교회가 관심을 가져야할 중요한 사역으로 실제로 신유사역을 활발하게 하고 있는 교회나 신유사역을 교리로 받아들이고 실천하는 오순절 교단은 놀랍게 부흥 성장하고 있다. 실제적으로 신유사역을 통한 교회 성장의 사례들은 많지만 몇 가지의 예를 들면 다음과 같다. 남아프리카에서 사역하는 독일인 선교사 본케는 치유의 역사로 인해 3만 4천명을 수용할 수 있는 건물을 세워 신유사역을 하고 있으며, 칠레의 자비에르 바스쿠즈 목사도 그의 교회 성장의 주요 원인 가운데 하나가 신유사역이라고 말한다.[77]

또한, 국내에서 여의도순복음교회 조용기 목사는 신유와 축사, 그리고 기사와 표적을 통해 교회의 부흥을 가져왔고, 세계 최대교회로 성장했다. 이상에서 신유사역은 실제적인 교회 성장을 가져오는 주요한 요인이며, 복음전도의 장벽을 허무는 강력한 무기가 됨을 증명해 주고 있다. 21세기의 교회사역에서도 신유사역은 교회성장에 계속해서 커다란 영향을 미칠 것이다. 교회의 신유사역은 교회 성장의 중요 요인으로 계속해서 전략적으로 추진되어야 한다.

신유는 교회 성장에 질적으로나 양적으로 큰 도움이 된다. 신유의 경험은 개인적인 신앙생활에 큰 변화를 줄 수 있다. 신유는 성도 개인의 성격을 치유하여, 건강하게 만들어 원만하고 긍정적인 성격으로 변화시킬 수 있으며, 가정과 교회생활도 건강하게 만드는 활력소가 된다. 교회 성장의 역동적인 요인으로서의 신유사역에 대한 개방적인 자세와 함께 다양한 신유사역을 개발하고, 전개시켜 나가야 한다. 교회는 교회 성장을 위해 성령을 통한 신유를 사모하고, 신유사역에 대한 개방적인 자세를 가지고, 다양한 신유사역의 개발을 모색해야 한다. 신유는 더 이상 오순절운동이나 은사주의운동을 하는 교단이나 교회의 점유물이 되어서는 안 된다. 신유는 모든 사역자들과 믿는 자들을 위한 하나님의 뜻이며 교회의 양적, 질적 성장을 이루는 역동적인 동인인 것이다. 따라서 우리가 교회 성장을 위해 신유사역을 효과적으로 지속할 수 있는 전략들을 계속해서 관심을 가지고 만들어 가야 한다. 신유사역은 주님께서 우리에게 교회 성장의 큰 축복을 허락하시는 도구가 될 것이다.

미래에도 하나님을 떠난 현대인들에게 하나님의 신유의 무한한 능력을 인식케 하여 하나님의 살아계심을 깨닫고, 하나님께로 돌아오게 하는 교회의 중요한 사역중의 하나가 신유사역이 될 것이다. 이러한 신유사역은 이 시대는 물론이거니와 미래에도 교회 성장의 중요한 요소로서 지속적으로 커다란 영향력을 미치게 될 것이다. 신유는 어느 시대를 막론하고 필요한 것이며, 오늘날의 교회에도 반드시 필요한 사역인 것이다. 언제나 변함없는 하나님의 신유의 역사가 현대 교회에서도 초대 교회처럼 일어나야 한다. 교회는 예수님의 신유사역의 지속 명령에 대해 분명한 인식을 심어주며, 오늘날에도 성도들의 삶 속에서 실제적인 신유의 역사가 중단 없이 계속 나타나도록 해야 할 것이다.

효과적이고 활발한 신유사역을 펼쳐나가기 위해서는 신유사역에 지식의 말씀의 은사가 수반되어 나타나는 것이 필요하다. 신유사역에는 지식의 말씀의 은사가 동반되어 나타나는 경우가 많다. 그래서 신유사역을 활발하게 전개하고 있는 찰스 헌터와 프란시스 헌터 부부는 지식의 말씀의 은사는 치유에 있어서 대단히 귀중한 것이라고 강조한다.[78] 왜냐하면 많은 경우에 사람들은 그들에게 있어 정말로 나쁜 것에 관해 말하지 않거나, 심지어 그 사실을 모르고 있기 때문이라고 말한다. 이 은사를 강력하게 사용하며, 하나님의 음성을 듣기 위해 그들의 마음을 열어두면, 이 분야에서 크게 성숙할 수 있다고 그들은 권면한다. 이 은사는 신유사역의 현장에서 하나님의 말씀을 들을 수 있고, 하나님이 말씀하신 것을 사람들에게 전달하는 것인데, 올바르게 사용된다면 강력한 역사가 일어나게 되는 것이다.[79]

그러므로 지식의 말씀은 개인적으로 신유사역자에게 주어지며, 다른 사람을 다루는 거의 모든 상황에서 대단히 중요하기에 이것을 귀중히 여기고, 성숙하게 사용할 수 있도록 추구할 필요가 있다. 하나님의 사역에는 하나님의 권능이 임하게 된다. 성령의 은사나 능력을 하나님을 위해 그리고 하나님의 사역을 위해 사용한다면,

하나님 나라의 확장을 위한 하나님의 기뻐하시는 뜻을 효과적으로 이루어갈 수 있는 것이다. 신유 사역자는 하나님의 사역을 능력 있게 감당하기 위해 하나님의 모든 은사를 받을 수 있도록 간구해야 할 것이다. 그리고 은사를 사용할 사역의 기회가 주어진다면 그 은사를 하나님 나라의 확장을 위해 담대히 사용하여야 할 것이다.

3. 지식의 말씀의 은사가 나타나는 방식

유명한 신유 사역자들의 경험담이나 간증집을 읽어보면, 그들의 신유사역에 지식의 말씀의 은사가 함께 동반되어 나타나는 것을 어렵지 않게 발견할 수 있다. 신유 사역자들의 사역에 지식의 말씀의 은사가 동반되어 나타남으로써 놀라운 성령의 역사하심을 체험하게 되고, 하나님의 살아계심을 생생히 증거하게 되는 것이다. 신유 사역자들의 사역에 수반되는 지식의 말씀의 은사는 다양한 방식으로 나타나고 있다. 유명한 신유 사역자들의 사역에 지식의 말씀의 은사가 나타나는 방식을 살펴보면 다음과 같다.

A. 지식의 말씀의 은사가 내적 음성(Inner Voice)을 통해 나타난다

지식의 말씀의 은사는 내적 음성을 통해서도 나타난다. 이 방법은 내 속에서 들려오는 음성이나 강한 느낌(또는 확신)으로 지식의 말씀의 은사가 나타나는 경우로, 이것이 지식의 말씀인가 의아해 하는 경우가 많으나, 점차 성령의 역사인줄 깨닫게 된다고 한다. 이런 예는 신유사역자의 경우에 자주 나타나는 방식이다.

리챠드 로버츠(Richard Roberts), 베니 힌(Benny Hinn), 빌리 조(Billy Joe), 그리고 로드니 하워드 브라운(Rodney Howard Browne)과 그 외의 다수의 신유 사역자들에게서 나타나는 방식이다. 이것은 환상이나 신체의 느낌이나 반응에 의한 것이 아니라, 마음속의 강한 확신이나 느낌이나 내적 음성으로 지식의 말씀이 나타나는 경우이다. 이 경우에는 성령께서 내 마음속에 주시는 음성과 내 마음 자체에서 나오는 음성을 분별할 수 있는 영적 수준과 훈련이 특별히 요구된다고 볼 수 있다.

20세기 초에 웨일즈 부흥의 주역이었던 이반 로버츠(Evan Roberts)의 경우에 이 지식의 말씀의 은사가 그의 사역에 강하게 나타났다. 이반 로버츠는 그의 집회에서 사람들 속에 있는 잘못된 영과 죄악된 영에 대해 족집게처럼 끄집어내곤 하였고, 당시 성령의 은사에 대해 별로 아는 바가 없었던 사람들은 그에게 텔레파시가 있다고 말했다. 그의 집회에 성령의 은사들 중에 특별히 지식의 말씀의 은사가 나타났고, 은사에 대해 무지했던 당시의 사람들은 그 은사를 강한 텔레파시로 오해하였던 것이다. 이반 로버츠는 자신에게 나타난 은사를 거부감 없이 사용하였다. 그러나 그는 자신의 은사에 대해 사람들에게 말하거나 가르치는 일에 적극적이지는 못했다.

그의 지식의 말씀의 은사는 강하게 나타났고, 그의 집회에 모인 청중들을 놀라게 하였다. 그는 설교 도중에 갑자기 말을 중단하고, 손가락으로 가령 이층 발코니 쪽을 가리킨다든지 하며, 그곳에 앉아있는 사람 중의 한 사람이 구원받아야 한다고 말하곤 하였다. 그가 그런 말을 마치면, 거의 2, 3초 내에 이반 로버츠가 손가락으로 가리켰던 사람들 중의 한 사람이 여지없이 무릎을 꿇고, 울면서 하나님께 죄를 자복하기 시작하곤 하였다. 또한, 어떤 경우에 그는 특정한 죄의 이름까지 말하며, 회개할 것을 촉구하기도 하였다. 그리고 어떤 경우는 말씀을 전하다 말고, 집회 장소 밖으로 나가 밖에서 모여 있는 사람들 중의 한 사람에게 다가가 그 사람이 지은 특정 죄를 그 사람만 알아들을 수 있게 말하곤 하였다.[80]

그러면 그 사람은 그 자리에서 무릎을 꿇고, 회개하곤 하였다. 이러한 정확한 지식의 말씀의 은사가 그의 집회에서 나타나면서 그의 집회와 사역은 폭발적으로 확장되어 나갔던 것이다. 그의 집회에는 강한 성령의 역사가 일어났으며, 지식의 말씀의 은사도 현저하게 나타났던 것이다. 베니 힌(Benny Hinn)의 경우 사역 초창기에 성령의 내적 음성을 듣고 순종하는 것을 배웠다. 그는 한 집회에서 마음속으로부터 "공개적으로 질병을 꾸짖어라"는 성령의 음성을 들었다. 그리고 마침내 순종하여 그대로 크게 소리 내어 말했다. "한 번 더 말하라"는 음성에 순종하여 말했고, "한 번 더"라는 말씀에 그대로 순종하여 한 번 더 말했다. 그러자 정말 놀랄만한 일이 일어났다. 즉시 위층에 있는 사람이 치유되고 있음을 알게 되었고, 그는 들은 그대로 말했다. "누군가의 엉덩이와 다리가 치유되고 있습니다"고 말하자, 마침내 한 여자가 내려와서 그가 말하는 순간 치유되었다고 간증하였다.[81]

그는 두려워하면 성령의 역사가 일어나지 않지만, 성령의 음성에 순종할 때, 능력의 역사가 일어남을 배우게 되면서 담대하게 사역을 진행해 나갈 수 있게 되었다. 신유사역자에게 임하는 성령의 능력과 역사는 성령의 음성에 순종할 때 나타나게 되는 것이다. 성령께서 누군가가 치유되고 있음을 말씀하실 때, 그대로 순종하여 말해야 한다. 치유된 사람의 병명을 선포하게 하실 때, 그대로 순종하여 선포하여야 하는 것이다. 성령의 음성에 순종하지 않고, 주저하고, 망설일 때, 어떠한 성령의 능력과 역사하심을 기대하기 어렵게 된다. 신유 집회시에 신유의 기적과 함께 신유의 기적의 역사를 확증하는 지식의 말씀의 은사가 임하게 되면 그대로 선포하여 성령의 역사가 능력 있게 펼쳐지도록 하여야 할 것이다.

B. 지식의 말씀의 은사가 환상(Visional)을 통해 나타난다

이것은 마치 영화나 사진을 보듯이 필름이나 사진이 머릿속에 펼쳐지면서, 그 속의 장면이 선명하게 나타나는 방식이다. 이런 방법으로 내적 치유를 하는 경우도 많이 있으며, 지식의 말씀의 은사가 나타나는 가장 보편적인 방법으로 받아들여지고 있다. 그 대표적인 예로는 현 시대의 최고의 신유사역자로 알려진 베니 힌(Benny Hinn) 목사의 경우이다. 베니 힌은 이와 같은 시각적 장면을 통해 환자의 상태와 병명을 알게 되고, 그것을 선포하고, 그리고 어떻게 성령께서 그 환자를 치료하시는지 깨닫게 된다고 한다.

'치유사역의 거장들'(God's Generals)이란 책으로 신유사역자들의 사역과 삶의 교훈에 관해 저술한 바 있는 로버츠 리아돈(Roberts Liardon)은 신유 집회에서 일어나는 입신에 관해 설명하면서 환상의 네 가지 방법을 소개하고 있다.[82] 그가 소개하는 환상의 네 가지 방법 중에서 세 가지는 신유사역에서 빈번히 일어나고 있는 것으로 알려지고 있다. 환상을 경험하는 그 네 가지 방법은 다음과 같다.

첫 번째 방법은 '내적 환상'(inner vision)이다. 내적 환상은 사람의 영이나 속사람이 보는 그림이다. 눈을 감고 있으면 환상이 그림처럼 펼쳐지며, 그 상황에 필요한 사실들을 나타내 주는 것이다. 이 내적 환상을 본 사람에게는 지식의 말씀의 은사가 나타나며 크게 유익되는 일이 일어난다. 신유사역자들이 자주 체험하는 방법이다.

둘째 방법은 '열린 환상'(open vision)이다. 이 환상은 눈을 뜬 상태에서 보이는 환상이다. 이것은 마치 텔레비전을 보고 있는 것과 같은 현상이다. 열린 환상을 통해서 하나님께서 보여주고 싶은 장면들이 눈앞에서 스크린처럼 펼쳐지는 것이다. 이 환상을 통해 병자의 병명을 알게 되며, 거기에 초점을 맞추어 신유사역을 진행하며, 신유의 역사가 일어난 후에 치유 받는 자의 정보를 확실히 드러나게 하여 그의 병이 치유되었음을 선포할 수 있게 된다. 치유하시는 하나님께서 그 치유된 모습을 다시 확실히 알게 하여 주시며, 그것이 하나님의 신유의 역사임을 확증해 주시는 것이다.

세 번째 방법은 꿈에 보는 환상이다. 이것은 꿈을 꾸면서 환상이 나타나는 방식으로 비몽사몽간에 생생하게 체험하게 되는 경우이다. 이것은 꿈이 아니라 살아있는 현실처럼 너무나 생생하게 느껴지는 체험이다.

네 번째 방법은 바로 입신이라고 부르는 '입신 환상'이다. 이 경우 하나님께서 몸의 활동을 최저치로 떨어뜨리신 후에 보여주시므로, 이 환상을 보는 사람은 죽은 사람처럼 가만히 있는 경우가 많다. 이때 죽은 것처럼 된 사람은 지옥과 천국을 보게 되는 경우가 대부분이라고 한다.

신유 집회에서 일어나는 환상의 경우에 신유 사역자에게는 첫 번째 방법인 '내적 환상'과 두 번째 방법인 '열린 환상'이 나타나게 되는 경우가 많다고 한다. 이런 환상을 통해 병자의 병명을 알게 되고, 환자를 치료하게 되고, 환자가 치유되었음을 선포하게 된다. 반면에 신유를 체험하는 환자의 경우는 네 번째 방법인 '입신 환상'이 대부분이라고 증언한다. 이런 입신의 체험을 통해 천국과 지옥의 환상을 보게 되며, 천국과 지옥의 둘 중에서 하나를 선택하라는 도전을 받게 되어, 그 자리에서 하나님을 선택하고 구원을 받는다고 많은 입신 체험자들이 증언하고 있다.

그리고 그 결과로 치유함을 받게 된다. 치유함을 받은 사람은 입신을 통해 하나님의 살아계심을 깨닫게 되고, 천국과 지옥의 실재를 분명히 인식하게 되며, 치유를 경험하게 되는 것이다. 입신의 체험을 통해 구원과 치유를 체험하게 되는 것이다. 또한 입신의 체험은 목회자들의 소명의 체험에도 나타난다. 목회자들 중에는 입신 중에 하나님께서 자신을 목회사역자로 부르시는 분명한 음성을 듣는 체험을 한 후, 세상일을 버리고 복음을 전파하라는 하나님의 음성에 따라 결단을 하고 주의 종의 길로 들어섰다는 간증을 하는 것을 종종 들을 수가 있다. 이것 또한 '입신 환상'이라고 볼 수 있는 것이다.

C. 신체의 체험(Experiential)을 통해 나타난다

신유사역에 나타나는 지식의 말씀의 은사는 신체의 체험을 통해 나타나기도 한다. 이것은 나의 신체가 어떤 환자와 똑같은 상태를 직접 경험함으로써 그 환자의 병명을 알게 되는 경우를 말한다. 예를 들어, 신유 집회나 모임 중에 성령께서 치료하기 원하시는 환자의 상태가 왼쪽 눈을 못 본다면, 갑자기 나의 왼쪽 눈이 시력을 잃게 된다거나, 환자의 상태가 오른쪽 무릎관절이 아프다면, 나도 나의 오른쪽 무릎관절에 통증을 느낌으로 환자의 상태를 알게 되는 것을 말한다. 하지만 이런 증상들은 일시적이며, 지식의 말씀으로 선포되는 순간 없어지게 된다. 일단 순종해서 나의 입으로 그 환자의 병명이 전달이 되면, 치유의 다음 단계로 이어지게 되는데, 연속해서 이런 증상이 나타나는 경우도 있고, 단 한번으로 끝나는 경우도 있다고 한다. 이런 예는 신유사역자인 리챠드 로버츠(Richard Roberts), 베니 힌(Benny Hinn), 그리고 빌리 조(Billy Joe)의 사역에 나타나고 있다.

1940년대와 1950년대에 오랄 로버츠와 함께 미국의 신유사역을 주도했던 윌리암 브랜햄(William Branham)의 경우에 이러한 현상이 강하게 나타났다. 그는 간절히 기도하던 중에 천사가 찾아오는 경험을 했다고 한다. 천사는 윌리암 브랜햄에게 하나님께서 그를 치유사역자로 택하여 쓴다는 사실을 알리고, 그것을 확증하기 위해 두 가지 증거를 줄 것이라고 말했다. 첫 번째 증거는 병 걸린 사람 앞에 서면, 그의 손이 떨리는 현상이 일어나게 될 것이라고 말했다.[83] 이것은 병을 진단하는 능력으로 작동한다. 하나님의 능력은 병을 치유 할 뿐만 아니라 병을 진단하는 능력도 주시는 것이다. 윌리암 브랜햄의 경우에 하나님께서 진단 능력과 치유의 능력을 다 주신 경우이다. 그래서 윌리암 브랜햄이 병 걸린 사람 앞에 서면 손이 떨렸는데, 이것은 그에게 주신 병을 진단하는 기능을 하였다. 이것은 축귀의 능력을 가진 사람이 귀신들린 사람 앞에 서면, 자신의 몸에서 어떤 현상이 나타나서 자신 앞에 선 사람이 귀신 들렸다는 것을 알게 되는 것과 같은 이치이다.

후에 윌리암 브랜햄(William Branham)의 참모 역할을 했던 고든 린세이는 이러한 현상을 놓고 "이는 마치 몸에 전기가 통하는 것과 같은 이치입니다. 때로는 윌리암 브랜햄에게 이런 현상이 너무 강하게 나타나 그가 차고 있던 시계가 멈춘 적도 있었습니다. 그리고 브랜햄이 귀신을 쫓아내고 나면, 그의 붉게 부어올랐던 손이 정상으로 되돌아오곤 하였지요"라고 말하였다. 천사는 윌리암 브랜햄에게 "기도해 주기 위해 어떤 사람 앞에 섰을 때, 손이 떨리면 그 사람이 병든 줄 알고 기도해 주라"고 말하였고, "만일 손이 떨리는 현상이 없어지면 그 사람이 치유된 줄로 알고, 그 다음 사람에게로 가서 기도해 주라"고 지시해 주었던 것이다. 그러자 윌리암 브랜햄(William Branham)은 그 천사에게 "그렇다고 해도 사람들이 나를 받아들이지 않을 것 같아 두렵습니다"라고 말하였다. 그의 말을 들은 천사는 "그렇기에 하나님께서 너에게 두 번째 증거를 주셨다. 네가 사람들 앞에 서면 각자의 마음속에만 간직한 사람들의 숨은 죄들을 저절로 알게 되는 현상이 너에게 있게 되는데, 이것이 바로 하나님께서 쓰신다는 두 번째 증거인 것이다"라고 답해 주었다.

이 두 번째 증거에 덧붙여서 그 천사는 윌리암 브랜햄(William~Branham)에게 "하늘나라에서는 사람들이 말하는 소리보다 사람들의 생각하는 소리가 더 크게 들린다"고 말했다. 사람들이 범한 죄를 예수님의 피로 덮으면, 그 죄는 두 번 다시 하늘나라에서 거론되지 않는다. 그러나 어떤 사람이 죄를 짓고도 이를 고백하지 않는다면, 지식의 말씀의 은사를 가진 사람에 의해 감지될 수가 있다.

천사는 윌리엄 브랜햄에게 "만일 사람들을 기도해 주다가 다른 사람의 숨은 죄를 알게 되면, 그 죄를 사람들 앞에서 공개적으로 말하지 말고, 그 사람에게 다가가서 단 둘이만 살짝 말하라"라고 지시하였다. 그리고 "상대방의 인격을 모독하는 말을 하지 말고, 오히려 상대방을 불쌍히 여기는 사랑의 마음을 가지고 귓속말로 그 사람의 숨은 죄를 이야기해 주면, 죄를 지적받은 그 사람이 금방 회개할 것"이라고 말해주었다. 윌리엄 브랜햄은 신유의 은사와 함께 두 가지를 더 알 수 있는 지식의 말씀의 은사가 더하여진 경우이다. 즉 그는 병자의 병명과 치유되었음을 알 수 있었고, 병자의 숨은 죄도 함께 알 수 있는 지식의 말씀의 은사가 더하여진 경우라고 볼 수 있을 것이다.

당신은 윌리엄 브랜햄(William Branham)이 받은 이 두 가지 증거가 하나님께로부터 온 증거라고 생각하세요? 치유사역의 거장들(God's Generals)이란 책으로 신유사역자들의 사역과 삶의 교훈에 관해 저술한 바 있는 로버츠 리아돈(Roberts Liardon)은 이런 두 증거는 하나님께로부터 온 것이라고 확신한다. 그는 히브리서 1장 14절에 "모든 천사들은 부리는 영으로서 구원 얻을 후사들을 섬기라고 보내심이 아니뇨?"라는 말씀을 그 근거로 제시한다. 성경에 보면 많은 천사들이 사람들의 사역을 도와주었다. 예수님의 탄생을 알린 것이 천사였고, 예수님의 광야 기도를 도운 것도 천사였다. 그 외에 성경에는 하나님의 말씀을 천사가 받아서 사람들에게 전한 경우가 많이 기록되어 있다.

천사는 윌리엄 브랜햄(William Branham)에게 이 두 가지 증거에 관한 말 외에도 그가 앞으로 수많은 사람들 앞에서 사역을 하게 될 것이고, 하나님의 부르심을 벗어나지 않는 한, 그의 사역을 통해 여러

나라들이 크게 영향을 받는 일이 일어날 것이라고 말하였다. 이 천사는 윌리암 브랜햄에게 나타나 약 30분 동안 말을 한 뒤, 사라졌다고 한다. 그 후에 그의 사역에는 천사의 말대로 놀라운 치유 기적이 나타났고, 치유 기적의 소문은 급속히 퍼져 나가, 그의 사역은 당시 미국에서 존재했던 치유 사역 중에서 가장 큰 사역으로 성장하게 되었다. 1947년 한 해에 윌리암 브랜햄의 집회를 통해 총 3만 5천명의 환자가 치유 받았다고 한다.[84]

윌리암 브랜햄(William Branham)은 환자를 위해 기도할 때 자주 환상을 보곤 하였는데, 그는 환상에서 본 장면이 실제 상황에서 그대로 나타나면, 그 환상에서 보았던 자신의 행동 그대로 행동하였다고 한다. 그러면 영락없이 아픈 사람이 치유를 받았다. 그의 치유 방식은 그의 치유 사역의 독특한 형태로 고정되어 갔다. 윌리암 브랜햄은 세인트 루이스에서 목회하던 로버트 도테리 목사의 딸을 치유할 때에, 그가 조금 전에 본 환상대로 다른 사람들을 방 밖으로 내보내고, 그가 본 환상 그대로 그녀 앞에서 기도를 하였고, 그러자 중병으로 죽어가던 그녀가 소생하는 기적이 즉시로 일어났다. 그녀는 정상으로 회복되었고, 그 소문은 급속히 퍼져나가 많은 환자들이 그를 만나기 위해 그가 머물고 있던 로버트 도테리 목사의 집으로 몰려들었다고 한다.

그의 치유 사역의 기적은 1950년 4월에 스칸디나비아로 치유 사역을 떠났을 때에도 일어났다. 윌리암 브랜햄(William Branham)은 유럽으로 가기 전에 한 소년이 차에 치여 죽었다가 다시 살아나는 환상을 보았다. 그는 유럽으로 가기 전에 미국에서 사역하면서 자신이 본 이 환상에 대해 사람들 앞에서 몇 차례 이야기 한 적이 있었다. 그 후 윌리암 브랜햄은 유럽의 핀란드에 가서 치유 사역을 하게 되었고, 사람들과 함께 차를 타고 가고 있었다. 그런데 앞에 가던 차가 길을 건던 두 소년을 치었다. 이것을 목격한 그는 황급히 차에서 내려, 차에 치인 두 소년을 병원으로 옮겼다. 병원에 도착하자, 그 소년의 맥박은 더 이상 뛰지 않았고, 윌리암 브랜햄은 그 소년의 옆에서 무릎을 꿇고 앉아 기도를 시작하였고, 그가 기도한 지 얼마 지나지 않아 그 소년이 다시 살아났다. 이 소년은 며칠 후에 건강하게 퇴원할 수 있었다. 그런데 그 당시 윌리암 브랜햄을 항상 따라다녔던 한 사람이 윌리암 브랜햄이 미국에서 말하였던 환상을 모조리 자신의 수첩에 기록하여 보관하고 있었는데, 그 수첩에 기록된 내용과 실제로 일어난 일이 너무도 똑같아 윌리암 브랜햄 자신도 깜짝 놀랐다고 한다.

윌리암 브랜햄(William Branham)의 경우에 환상이 그의 신유사역에 중요한 역할을 담당한 것을 알 수 있다. 이 경우에 환상은 지식의 말씀과 함께 미래에 일어날 일도 보여주는 예언의 기능도 함께 하고 있는 것을 발견할 수 있다. 이 환상의 특징은 환상이 미리 보여지고, 그 후에 얼마가지 않아 그 환상이 실제 현실에서 그대로 일어난다는 것이다. 그래서 신유사역자는 그 실제 상황에서 조금도 당황하거나 동요함이 없이 그 환상에서 지시하는 방식으로 신유사역을 하여 병을 고친다는 것이다.

이 환상의 특징은 병자의 상태와 결과를 알 수 있는 지식의 말씀의 은사가 나타나고 있는 동시에, 미래에 일어날 일을 미리 보여주는 예언의 기능도 함께 나타나고 있음을 발견할 수 있다. 이런 은사가 신유사역자에게 주어진다면, 신유사역이 더 효과적이며 활발하게 일어나게 되어 사역의 결실이 더 강력하고 놀랍게 나타날 수 있을 것이다. 효과적 신유사역을 펼치기 위해 신유의 은사와 함께 지식의 말씀의 은사가 함께 동반되어 나타나기를 신유사역자는 간절히 추구할 필요가 있음을 보여준다.

D. 지식의 말씀의 은사가 음성(Vocal)을 통해 나타난다

이것은 나의 의지와 상관없이 성령의 감동하심으로 나의 입을 통해 튀어 나오는 말로 나의 생각이나 기억의 통로를 거치지 않았기 때문에 나 자신도 내입에서 나오는 이 소리를 듣고서야 그 내용을 알게 되는 것이다. 이것의 한 예는 미국의 유명한 신유사역자인 오랄 로버츠의 아들인 리챠드 로버트의 경우에 해당된다. 리챠드 로버트(Richard Roberts) 사역의 초창기에 지식의 말씀의 은사가 이렇게 시작되었다. 어느 집회에서 설교를 마치고 끝맺는 기도를 하려고 하는 순간, 갑자기 입에서 튀어 나온 말이 *"이 중에 엄지발가락 뼈가 부러진 사람이 있는데, 하나님께서 지금 치료 하십니다"*였으며, 리챠드(Richard) 자신도 이 말을 듣고 당황하였으나, 그 치유받은 사람의 간증을 들은 후에 성령님의 역사인줄 깨닫게 되었다고 한다.

그래서 그 후에 그는 신유집회와 사역에서 이러한 지식의 말씀의 은사가 나타나는 방식을 수용하고, 활용할 수 있게 되었다. 이것은 신유사역자의 입술을 성령께서 강권적으로 사용하여 지식의 말씀의 은사를 나타내신 경우라고 볼 수 있다. 나의 의지와 상관없이 나의 입술을 통해 나오는 지식의 말씀의 은사로서 이러한 은사를 체험하게 될 경우에 성령의 강권적 인도하심에 순종하여 지식의 말쏨의 은사를 나타내며, 하나님의 신유사역을 들어내어 확증하며 하나님께 영광을 돌려야 한다.

　성령께서 신유사역자의 입술을 강권적으로 사용하여 지식의 말씀의 은사를 나타내시는 경우, 신유사역자는 성령의 인도하심에 순종해야 한다. 성령의 인도하심에 확신을 갖지 못하고 주저하게 되면 역사가 일어나지 않게 된다. 성령의 인도하심이 있을 경우 담대하게 입술을 열어 선포해야 하는 것이다. 베니 힌(Benny Hinn)의 캐나다 전도 집회에서 일어난 일이다. 그는 예배 전에 앉아 있었는데 주님께서 그의 사역 안에서 무언가 새로운 일을 하시리라는 것을 바로 전에 알게 되었다. 예배를 진행하면서 도움이 필요한 사람들에게 손을 얹기 시작했다. 첫 번째 사람에게 아무 일도 일어나지 않았고, 두 번째 사람과 세 번째 사람에게도 능력 아래 쓰러지는 일도 일어나지 않았다. 세 번째 사람이 지나간 후에 신경이 곤두서 초조해 하고 있던 베니 힌(Benny Hinn)에게 성령의 속삭임이 있었다. "성령의 능력이 당신을 통과해 갑니다"라고 말하라는 것이었다. 그러나 주저하던 베니 힌(Benny Hinn)은 네 번째 사람과 다섯 번째 사람에게 아무 말도 하지 못했다. 그리고 마침내 정신을 차리고 그 다음 사람이 왔을 때, "성령의 능력이 당신을 통과해 갑니다"라고 말하자, 그 사람이 뺑! 하고 넘어졌다. 다음 사람도 마찬가지로 넘어졌다. 이러한 경험 후에 베니 힌(Benny Hinn)은 성령의 인도하심을 느낄 때, 담대하게 선포하며 능력있게 사역을 진행시켜 나갈 수 있었다.[85]

　성령께서 신유사역자의 입술을 강권적으로 사용하여 지식의 말씀의 은사를 나타내시는 경우, 신유사역자는 성령의 인도하심에 순종하여 담대하게 입술을 열어 선포해야 하는 것이다. 성령의 인도

하심에 순종하여 담대하게 입술을 열어 선포할 때, 성령의 지식의 말씀의 은사가 나타나며 치유의 능력의 역사가 일어나게 되는 것이다.

E. 위의 네 가지가 한꺼번에 복합되어서 나타난다

위에서 언급한 지식의 말씀의 은사의 4가지 형태가 한꺼번에 복합적으로 나타나기도 한다. 예를 들어 두 번째의 방법(환상)으로 어떤 환자가 무슨 옷을 입고, 어떤 상태에 있는지 까지 알게 되는 동시에, 네 번째의 방법(음성)으로 그 사람의 이름까지 튀어 나오게 되는 경우이다. 이런 예는 베니 힌(Benny Hinn)의 경우가 가장 대표적인 것인 것으로 알려지고 있다. 또한 세 번째의 신체의 체험을 통해 병자의 병명과 병자가 치유된 후에 치유되었음을 알고, 첫 번째의 방법인 음성으로 치유되었음을 선포하는 경우이다. 그 외에 위의 4가지 방식이 복합되어 나타날 수 있다.

베니 힌(Benny Hinn)의 소속 교회인 올랜도 크리스챤 센터에서의 일이다. 베니 힌은 최근 주일 저녁 예배에서 많은 사역자들을 위해 기도하고 있었다. 이유도 없이 그는 갑자기 돌아서서 한 여인이 휠체어에 앉아 있는 것을 보았고, 그의 안에서 한 음성이 들려왔다. "가서, 저 여자를 위해 기도하라, 지금!" 손뼉을 치는 것과 같이 "지금!" 하는 음성을 듣고, 그는 강단을 뛰어 내려갔고, 그 여자를 위해 안아주며 기도했다. 그러자 곧 그녀는 휠체어에서 벌떡 일어나게 되었다. 그것은 믿기 어려운 순간이었다. 그 여자는 놀라운 기적을 체험하는 순간이었으며 그들은 주님께 찬양을 높이 올려 드리게 되었다. 그리고 교회 안은 주님을 환호하는 소리가 울려 퍼지게 되었다. 다발성 경화증으로 고생하고 있었던 그녀는 그날 울면서 이렇게 기도했다고 한다.

　　오늘 저녁, 꼭 치유해 주시옵소서! 저희는 집으로 돌아가면 언제 다시 올지 모릅니다. 저분이 내게 와서 나를 위해 기도하게 하여 주시옵소서!

　바로 그때 하나님의 음성이 베니 힌에게 들려왔던 것이다. "가서 저 여자를 위해 기도하라, 지금!" 손뼉을 치는 것과 같이 "지금!"하는 음성을 듣고, 그는 강단을 뛰어 내려갔고, 그 여자를 위해 안아주며 기도하자, 곧 그녀는 휠체어에서 벌떡 일어나게 되는 믿기 어려운 놀라운 기적이 일어나게 되었던 것이다.[86)]

　성령의 음성에 그대로 즉시 순종할 때, 놀라운 신유의 기적들이 일어나게 되는 것이다. 이와 같이 신유사역에서 지식의 말씀의 은사는 병자의 병명을 알게 하여주고, 신유사역을 펼쳐야 할 대상과 순간을 알려주며, 치유된 후에 치유 받은 자의 치유를 다시 한 번 확인시켜주며, 하나님의 능력과 역사를 드러내는 역할을 하게 됨을 알 수 있다. 신유사역자에게 신유의 은사와 함께 지식의 말씀의 은사가 나타날 때, 놀랍고도 능력 있는 신유사역이 계속하여 펼쳐지게 될 수 있음을 확인시켜준다.

　이상에서 신유사역에서 지식의 말씀의 은사가 나타나는 방법들을 신유사역자의 체험과 간증집과 전기 등을 근거하여 살펴보았다. 앞에서 신유사역에 지식의 말씀의 은사가 5가지 방법으로 다양하게 나타나고 있음을 알 수 있다. 신유사역자에 따라 지식의 말씀의 은사가 나타나는 방법도 다양함을 확인할 수 있었다. 유명한 신유사역자의 경우에 신유의 은사와 지식의 말씀의 은사가 함께 강하게 나타나고 있음을 주목해야 하겠다. 지식의 말씀의 은사가 나타나면서 병자의 병명을 진단하고, 치유하는 능력이 나타나며, 치유 후의 신유의 역사를 확증하는 것이다. 신유사역이 나타나는 지식의 말씀의 은사는 병명을 진단하는 능력, 치유의 능력과 치유 후의 하나님의 신유의 역사를 확증하는 능력을 부여한다. 이로서 하나님의 전적인 역사를 드러내며, 하나님께 영광을 돌리는 사역을 완수하게 되는 것이다.

이와 같이 신유사역에는 지식의 말씀의 은사가 동반되어 나타나며 놀라운 성령의 역사를 일으키고 있으며, 하나님의 살아계심을 직접 체험하게 하고 있다. 대부분의 유명한 신유사역자는 신유의 역사와 함께 지식의 말씀의 은사를 함께 체험하고 있다. 이것은 신유사역을 활발히 전개하고자 하는 사역자들에게는 신유의 은사와 함께 지식의 말씀의 은사가 함께 추구되어야만 더 효과적이며 활발한 신유사역이 일어날 수 있음을 시사하고 있다. 그러므로 신유사역자는 신유의 은사와 함께 신유사역을 효과적으로 펼치게 하는 지식의 말씀의 은사를 간절히 사모하고 간구할 필요가 있는 것이다.

신유은사와 함께 지식의 말씀의 은사가 신유사역자들에게 나타나는 은사임을 인식하고, 이것을 추구하여 활용해야 한다. 오늘날에도 여전히 성경시대의 하나님의 신유가 나타날 수 있다는 것을 깨닫고, 혹시 질병에 걸리더라도 하나님의 신유의 능력을 사모하고 의지해야 할 것이다. 더욱 효과적인 신유사역을 위해서는 지식의 말씀의 은사도 함께 간구하여 놀라운 신유의 능력을 체험하며, 살아계신 하나님의 임재와 영광을 드러내며, 신유사역을 활발히 전개해 나가야 할 것이다.

현 시대에도 기사와 이적이 재현되고 있다. 종말을 향해 갈수록 사단의 공격과 역사가 심해지면서 믿는 자들을 통해 나타나는 기사와 이적이 전보다 훨씬 더 증가하게 될 것이다. 그리스도인은 이러한 기사와 이적을 인정하고, 체험함으로써 하나님의 말씀을 더 강력하게 증거 하는 신앙인들이 되어야 한다. 하나님께서 바로 당신을 통해 기사와 이적을 베풀어주는 분이심을 믿어야 한다. 일부의 전통적인 편협한 신학사상 때문에 하나님의 역사가 나타나는 이러한 기사와 이적을 부인하고, 회피해서는 안 된다. 믿는 자들은 하나님 나라의 사역을 효과적으로 펼쳐나가기 위해 하나님의 능력을 사모하고 간구해야 한다. 믿는 자의 삶이 성령의 권능으로 충만한 삶이 되도록 기도해야 한다. 하나님 나라의 사역자로서의 사명이 끝날 때까지 성령의 권능이 함께 하시기를, 특히 신유의 은사와 함께 지식의 말씀의 은사가 동반되어 나타나며 하나님의 역사와 영광이 나타나기를 계속하여 간구해야 할 것이다.

4. 결언

미국 신자들의 은사관을 조사한 얼마 전의 여론조사가 있다. 미국 신자들의 은사관에 대해 살펴보는 것도 우리의 은사관을 되돌아볼 수 있는 좋은 기회가 될 수 있기에 여기에 간략히 소개하고자 한다. 바나 리서치(Barna Research) 그룹이 실시한 1995년부터 2000년까지의 5년간의 두드러진 변화는 자신에게 아무 은사도 없다고 믿는 사람들이 증가하고 있다는 것이다. 성경은 각 신자에게 영적 은사를 주셨다고 밝히고 있다(롬 12:4~8; 고전 12:1~11; 엡 4:11~13; 벧전 4:10~11). 영적 은사에 관해 들은 적이 있다고 말한 사람은 조사대상 성인들 85%로 나타났다. 그러나 하나님이 자신에게 아무 영적 은사를 주시지 않았다고 믿는 사람들은 2000년에 21%(1995년 4%)로 늘어났다고 한다.

응답자들이 가졌다고 믿는 가장 흔한 은사는 교육(9%), 봉사(9%), 믿음(6%), 영적 분별(5%), 권면과 격려(5%), 지도력(3%) 등으로 나타났다. 거듭난 이들 중 성경에 나타난 은사를 나열한 사람은 30%에 불과했고, 8%는 은사와 비은사를 섞어 대답했고, 16%는 성경에 없는 것들만 나열했다고 한다. 46% 이상은 은사를 모르거나, 자기에게 없다거나, 무엇인지 모르는 것으로 나타났다. 성경에 나타난 은사를 최소한 한 가지 이상 언급한 신자들은 통틀어 절반가량 (46%)이었고, 24%는 성경에 없는 것을 언급했다. 이를 통해 신자들이 성경적 은사에 대해 많이 알고 있지 못한 것을 알 수 있다.

목회자들의 경우, 1993년에 실시된 담임목회자 대상 조사와 비교할 때 가장 큰 변화는 가르침(teaching)의 은사 보유자가 52%에서 63%로, 목회, 목양 은사가 12%에서 28%로, 예언의 은사가 4%에서 13%로, 영분별 은사가 0.5%에서 6%로, 지도력 은사가 6%에서 11%로 각각 증가했다는 것이다.

또한 전체 목회자 중 성경에 있는 은사만 언급한 사람은 74% 이었으며, 19%는 성경과 비 성경적 은사를 혼돈했고, 4%는 아무 은사도 없다거나 무엇인지 모른다고 답한 것으로 나타났다. 이와 관련, 조지 바나는 "영적 은사에 관한 신자들의 지식과 그 적용에 큰 공백이 있다. 하나님이 특별히 각 사람에게 주신 은사를 모르는 신자가 전체의 절반이라면 그 결과가 어떻겠느냐"고 우려했다. 또한 이 특별한 권능의 본질과 가능성을 이해하는 신자들이 많을수록, 전체 기독교의 영향력이 커질 것이라고 그는 강조했다. 바나는 아울러 지역교회의 기능 중의 하나가 신자들에게 자신이 그리스도 안에서 누구이며, 어떻게 그리스도인의 삶을 보다 풍성히 살 수 있는지를 이해시키는 것이라며, 영적 은사가 어떤 것들인지, 각자가 어느 것을 가졌는지, 어떻게 발견하는지, 어떻게 활용하는지를 가르칠 것을 촉구했다.[87]

은사를 통한 교회 성장이 오늘날에도 절실히 필요하다. 성령의 은사가 교회 안에서 어떻게 개발되어 활용되느냐에 따라 교회의 성장을 가져 올 수 있다. 피터 와그너는 "성령의 은사에 대한 무지는 교회의 성장을 지연시키는 중대한 원인이 될 수 있으며, 많은 그리스도인을 괴롭히는 실망, 불안, 좌절과 죄악의 원인도 될 수 있으며, 하나님을 위한 모든 유효성을 삭감하는 원인이 될 수 있다"고 말한다. 교회에서 성령의 은사에 대한 바른 이해와 활용이 필요함을 강조한다.

교회는 성령의 은사 활용으로 교회를 성장시킬 필요가 있다. 은사를 활용할 때, 성도들의 신앙생활에도 믿음의 변화가 일어나서 각 분야에서 봉사하는 현상들이 활발히 일어나게 된다. 여러 가지 은사 중에 신유의 은사나 지식의 말씀의 은사는 2000년 전의 사건이 아니라, 오늘날에도 체험할 수 있는 것이다. 은사사역 중에서 특별히 신유사역은 하나님께서 원하시는 것이므로 한 영혼에 대한 깊은 관심을 갖고, 신유가 실질적인 하나님의 살아계신 역사를 보여주는 증거가 되므로 전도사역과 신앙생활이 활성화되고, 극대화 될 것이다. 그러므로 오늘날도 신유에 대한 올바른 인식을 통해 모든 그리스도인은 신유사역의 사명을 깨닫고, 이 신유사역을 활발히 전개하는 것이 필요하다. 신유사역은 성경적 사역이며, 오늘날도 여전히 나타나는 하나님의 능력이라는 것을 확신하고, 신유사역을 담대하게 전개해 나가야 할 것이다.

오늘날에도 신유사역은 성령께서 그의 종들을 통하여 계속하고 있는 사역이다. 건강한 공동체의 비전을 성취하기 위한 신유사역을 통해 교회가 성장하게 되고, 교회가 성장하는 것은 하나님의 뜻임을 인식하는 것도 큰 도움이 된다. 모든 교회는 성령의 은사의 공동

체요. 그리스도의 몸 된 교회는 성령의 은사의 결과로서 성장한다.[88]

　예수님 당시에도 예수를 따르던 많은 무리들이 예수의 신유사역을 보고, 믿는 사람들이 많았다. 사도행전에도 사도들의 신유사역이 복음전도와 교회 성장의 계기가 되었음을 알 수 있다(행 2:43, 46, 47, 3:8, 4:21, 5:16, 8:6~8). 모든 은사는 하나님의 능력을 나타낸다. 그 중 특히 신유의 은사는 가장 발달된 현대 의학기술로도 치료하지 못하는 불치의 환자들을 살리기도 하여 하나님의 큰 능력을 나타낼 뿐 아니라, 교회에 큰 유익을 가져온다. 그 이유는 병에서 고침 받은 환자만이 아니라, 그를 아는 가족이나 친지들에게도 복음이 전파되기 때문이다.[89]

　그래서 피터 와그너는 "모든 표적들은 중요하며, 그 중에 가장 두드러진 표적은 병자를 고치는 것과 귀신을 쫓아내는 것이다. 따라서 당신의 교회에서 치유사역을 하는 것은 예수 그리스도의 임재를 가장 자연스럽게 보여 주는 사역이 되는 것"이라고 말했다.[90] 교회 성장을 이루기 위해서는 성령의 능력에 힘입은 신유사역이 중요하다. 그리스도의 몸인 교회가 성장한다는 것은 교회가 살아있다는 증거요, 건강하다는 증거이다. 현 시대에 교회 성장에 큰 영향을 주는 것 중의 하나는 신유사역이다.

　왜냐하면 신유는 사람들에게 즉각적이고 직접적으로 눈으로 드러나는 표적은사로서 믿지 않는 사람들에게도 하나님의 살아 계심을 직접적으로 보여줄 수 있는 표적이 되기 때문이다. 그러므로 신유사역은 교회가 관심을 가져야할 가장 중요한 사역이라고 할 수 있다. 실제로 신유사역을 하고 있는 교회나 교단들은 놀랍게 부흥 성장하고 있다. 21세기 목회사역에서 신유사역은 교회에서 꼭 필요하며, 실행되어져야 하고, 신유사역은 교회 성장에 가장 큰 영향을 미칠 것이다. 실제적으로 신유사역을 통한 교회 성장의 사례들은 많다. 남아프리카에서 사역하는 독일인 선교사 본케는 신유의 역사로 인해 이제는 3만 4천명을 수용할 수 있는 건물을 세워 신유사역을 하고 있으며, 칠레의 자비에르 바스쿠즈 목사도 그의 교회 성장의 주요 원인 가운데 하나가 신유사역이라고 하였다.[91]

특히 미국에서는 능력 전도로 2천여 개의 지 교회를 개척한 포도원교회의 존 윔버는 능력전도에 있어서 복음의 거부감은 초자연적인 사건 속에서 역사하시는 하나님의 능력에 의해서 제거되며, 따라서 그리스도를 영접하는 수용성이 매우 높아진다고 말했다.[92] 또한 국내에서 여의도순복음교회 조용기 목사는 신유와 축사, 그리고 기사와 표적을 통해 교회의 부흥을 가져왔고, 세계 최대 교회로 성장했다. 그의 사역에서 신유사역은 실제적인 교회 성장을 가져오는 주요한 요인이며, 복음전도의 장벽을 허무는 강력한 무기가 됨을 증명해 주었다.

존 윔버(John Wimber)와 케빈 스프링어(Kevin Springer)는 그들의 책 '능력 치유'의 서문에서 다음과 같이 말하고 있다. "우리는 기적과 신유를 그리스도인의 일상적인 삶의 일부로 받아들여야 한다. 그러한 선물들은 놀라운 것임에 틀림없으나, 그것들을 받기 위해서는 특별한 어떤 것이 필요한 것은 아니기 때문이다."[93] 이 말은 오늘날 교회의 신유사역에 비록 많은 문제가 있음에도 불구하고, 치유는 목회의 사역에 있어서, 그리고 그리스도인의 삶과 교회의 공동체 속에서 당연히 있어야 함을 강조해 주는 말이라 할 수 있다.

현대인들에게 건강은 최대의 관심사이다. 건강을 위하여 여러 방식으로 많은 시간과 노력을 투자한다. 사람들은 생명을 연장하고, 보다 건강하게 살아가는데 온갖 관심을 기울이는 것처럼, 현세의 건강한 삶을 갖기 위해 온갖 관심과 노력을 기울인다. 교회와 사역자는 병든 자를 위하여 무엇인가를 해야 한다.

예수님은 병든 자를 불쌍히 여기시고, 고쳐 주었으며(막 1:40, 41), 아버지께 영광 돌리기 위해 병든 자를 치료했다(요 11:4). 또한 하나님의 능력을 증명하기 위해 치유하였으며(요 10:37, 38), 마귀의 일을 멸하시기 위해 치유하였다(행 10:38). 그러므로 목회자들은 병든 자들을 위해 용기를 가지고 적극적으로 신유기도와 신유사역을 펼쳐나가야 할 것이다. 예수 그리스도는 그의 지상생활에서 하나님의 사랑, 즉 구속의 사랑과 그리스도인의 생활을 가장 중요하게 역설하며 가르쳤지만, 그에 못지않게 인간의 질병치유의 구속에도 많은 중점과 비중을 두었음을 성경의 기록에서 살필 수 있고, 사도들 역시도 그 중요함을 인식하고 여러 질병치유의 사건들을 기록했으며, 그 치유의 사건 또한 구속에 따랐던 중대한 사건으로 인식해, 그들 또한 그러한 능력 행하기를 주저하지 않았다.

신유사역은 예수님의 사역을 따라가는 성경적 사역이다. 예수님은 목회에 있어서 중요한 3가지 모범을 보이셨는데, 그것은 설교와 가르침, 그리고 치유의 3대 사역이다. 마태복음 4장 23절에 "예수께서 온 갈릴리에 두루 다니사 그들의 회당에서 가르치시며 천국 복음을 전파하시며 백성 중에 모든 병과 모든 약한 것을 고치시니"라고 하였다. 예수님은 인간에게 "치유하시는 하나님"으로 다가오셨으며, 병든 자들을 불쌍히 여기고 직접 병든 자들을 치료하는 일을 행하였고, 몸소 본을 보여 주었다. 이렇게 주께서 심혈을 기울여 병 고치는 사역을 행하신 것은 치유역사가 구원을 가져오는 가장 효과적인 방법이기 때문이다.

오늘날 목회자들이 설교와 가르침의 사역은 열심히 따라가고 있지만, 신유사역은 목회 현장에서 상대적으로 활성화되지 않고 있다. 예수님께서는 '어제나 오늘이나 영원토록 동일하신 분'이시다(히 13:8). 예수님의 신유사역에 대해서 성경이 기록하기를 "그가 찔림은 우리의 허물 때문이요, 그가 상함은 우리의 죄악 때문이라 그가 징계를 받음으로 우리는 평화를 누리고, 그가 채찍에 맞음으로 우리는 나음을 입었도다"라고 했다(사 53:5). 예수님께서는 그의 공생애 기간 동안 병을 고치시고, 귀신을 쫓아내심으로 천국이 임하는 곳에 어떤 역사가 나타나는지를 보여주셨다. 사역자들은 주님을 본받아서 신유와 지식의 말씀의 은사 활용을 통한 신유사역을 활발히 전개해야 한다.

신유사역을 하는 것은 주님의 사역 방법에 순종하는 것이다. 그래서 사역자들은 오늘날처럼 질병이 만연한 시대에 주께서 말씀하신 "믿는 자들에게 이런 표적이 따르리니 곧 그들이 내 이름으로 귀신을 쫓아내며… 병든 사람에게 손을 얹은즉 나으리라"(막 16:17~18)는 말씀에 근거하여 귀신을 쫓아내고, 병든 자에게 손을 얹고 치유사역을 해야 한다. 또한 "나를 믿는 자는 나의 하는 일을 그도 할 것이요, 또한 그보다 큰일도 하리니"(요 14:12)라고 교회에 말씀하신 것을 믿고, 신유사역을 해야 한다. 어느 시대 누구를 막론하고, '신유의 하나님'에 대한 신앙을 확실히 갖고 있는 사역자들에게 신유의 기적은 나타난다.

예수 그리스도의 치유사역은 승천 이후에도 중단되지 아니하고,

교육과 훈련을 받은 제자들을 통하여 계속되었다. 이것은 예수님께서 신유사역이 계속되기를 원하신다는 것을 보여주는 것이다. 왜냐하면 예수 그리스도의 복음전파 사역 가운데에서 신유사역이 있었던 것처럼, 오늘날에도 병들고 상처 입은 사람들을 위한 신유사역의 역사가 절대적으로 필요하기 때문이다. 예수님 당시에도 주님께서 유대 땅을 다니시면서 눈먼 자, 병든 자, 귀신 들린 자, 정신병자 등을 고치시며, 기적을 행하니 무수한 군중이 따라 다녔었다. 그리고 이러한 치유에 대한 기대감은 초대교회 시대에도 그랬고, 중세기에도 그랬고, 지금도 마찬가지이다.

그럼에도 불구하고 오늘날의 교회나 사역자들 중에는 병을 받아들여야 하고, 치유를 구해서는 안 된다고 믿는 사람들이 있다. 또한 세대주의를 믿는 목회자들은 신약성경의 기록이 완결됨과 함께 은사가 종료되었다고 잘못 믿고 있다. 성경을 이렇게 대하는 자세와 그런 신앙을 가진 사역자는 성도들을 질병의 고통 가운데 살아가도록 방치해 두는 사역자이다. 예수 그리스도의 치유 역사는 어제나 오늘이나 변함없이 동일하게 성경대로 그분의 능력으로 치료하신다.

그러므로 사역자들은 성경을 근거로 병들어 고통당하는 성도들에게 신유와 신유사역을 제공해야 한다. 모든 그리스도인은 하나님께서 허락하신 신유의 사역을 활발히 전개해야 한다. 신유사역은 성경적인 사역이고, 예수님의 사역을 본받는 중요한 사역인 것이다. 오늘날도 신유에 대한 올바른 인식을 통해 모든 그리스도인은 신유사역의 사명을 깨닫고, 이 신유사역을 능력있게 감당해야 한다.

사역자들이 교회의 유익과 덕을 세우기 위해 하나님의 사역을 행하며 섬기고자 할 때, 하나님께서 아낌없이 풍성한 은사를 공급해 주시는 것을 확신해야 한다. 신유사역자가 자신의 능력이 아니라, 하나님이 주시는 능력으로 겸손하게 봉사하고자 할 때, 하나님께서는 필요한 은사를 공급해 주신다. 사역자가 참다운 은사 사용의 청지기의 모습을 보여주게 될 때, 하나님의 여러 은사들이 나타나게 된다. 그 중의 중요한 은사가 바로 신유의 은사와 지식의 말씀의 은사이다. 하나님께서 각양 은사를 믿는 자들에게 주신 것은 오직 하나님의 일을 잘 감당하여 많은 사역과 신앙의 열매를 맺게 하여 하나님께 영광을 돌리게 하려 함이다. 사역자들은 주어진 귀중한 은사를 발견하고, 개발하고, 잘 활용하여 하나님 나라를 확장시키는데 기여할 때, 하나님의 영광을 나타내게 된다.

　신유사역에는 지식의 말씀의 은사가 동반되어 나타나는 경우가 많다. 그래서 신유사역을 활발하게 전개하고 있는 챨스 헌터와 프란시스 헌터 부부는 지식의 말씀의 은사는 치유에 있어서 대단히 귀중한 것이라고 강조한다.[94] 왜냐하면 많은 경우에 사람들은 그들에게 있어 정말로 나쁜 것에 관해 말하지 않거나, 심지어 그 사실을 모르고 있기 때문이라고 말한다. 이 은사를 강력하게 사용하며, 하나님의 음성을 듣기 위해 그들의 마음을 열어두면, 이 분야에서 크게 성숙할 수 있다고 그들은 권면한다. 이 은사는 하나님의 말씀을 들을 수 있고, 하나님이 말씀하신 것을 사람들에게 전달하는 것인데 올바르게 사용된다면 강력한 역사가 일어나게 되는 것이다.[95]

　그러므로 지식의 말씀의 은사는 개인적으로 사역자에게 주어지며, 다른 사람을 다루는 거의 모든 상황에서 대단히 중요하기에 이

것을 귀중히 여기고, 성숙하게 사용할 수 있도록 추구할 필요가 있다. 신유사역에 지식의 말씀의 은사가 동반되면, 더 효과적이고 폭발적인 신유사역의 결과와 결실을 맺을 수 있을 것이다. 신유사역자는 신유의 은사뿐만 아니라 지식의 말씀의 은사를 간절히 사모하고, 간구하고, 활용하여 성공적인 신유사역의 결실을 맺고, 신유사역을 더욱 활발하게 전개해 나아가야 할 것이다. 그리하여 신유사역이 더 활발히 전개되어 많은 사람이 하나님의 살아계심과 역사를 체험하여 하나님께 돌아오고, 하나님을 믿는 신앙에 굳건히 서게 해야 하며, 하나님의 나라를 굳건하게 신속히 세우고, 확장시키는 역사를 만들어 가야 할 것이다.

하나님의 사역에는 하나님의 권능이 임하게 된다. 성령의 은사나 능력을 하나님을 위해 그리고 하나님의 사역을 위해 사용한다면, 하나님 나라의 확장을 위한 하나님의 기뻐하시는 뜻을 효과적으로 이루어갈 수 있는 것이다. 신유사역자는 하나님의 사역을 능력 있게 감당하기 위해 하나님의 모든 은사를 받을 수 있도록 간구해야 할 것이다. 그리고 은사를 사용할 사역의 기회가 주어진다면 그 은사를 하나님 나라의 확장을 위해 담대히 사용하여야 할 것이다.

21세기에도 성경적 사역의 비전을 성취하기 위해서는 신유사역에 대한 올바른 정체성을 가져야 한다. 신유사역은 오늘날에도 실행되어야 할 성경적인 사역임을 깨닫고, 신유사역에 대하여 더 깊은 관심을 갖고 전개해 나가야 할 것이다. 특별히 신유사역에 나타나는 지식의 말씀의 은사에 대한 중요성을 인식하고, 이 은사가 신유사역에 나타나기를 열망하고, 간구해야 할 것이다. 효과적이고 활발한 신유사역을 펼쳐나가기 위해서는 신유사역에 지식의 말씀의 은사가 수반되어 나타나는 것이 필요한 것이다. 신유사역을 불신자들에게까지 확대시켜 복음전도의 효과적 도구로 사용하여, 하나님의 나라를 신속히 확장시켜 나가야 할 것이다. 신유사역은 우리의 삶 속에 하나님의 실재와 능력이 함께 한다는 것을 깨닫게 하고 예배에 생기가 넘치게 하며, 성도들의 친교를 증진시키고 전도에 불을 붙여 영적인 싸움에서 승리하게 한다. 또한 신유의 역사는 나약한 사람들을 분발시켜 교회가 성장하게 하는 역동적인 힘을 부여하기 때문이다. 그래서 신유는 불신의 세상 가운데 여전히 살아서 역사하시는 하나님을 증거 하는 강력한 수단이 된다.

주님은 신유사역을 위해 신유의 은사와 지식의 말씀의 은사가 좋은 목회 도구로 사용되기를 원하고 계신다. 그러므로 지식의 말씀의 은사를 통해 신유사역을 보다 더 효과적으로 교회의 사역들을 감당하며, 활발히 전개해 나가야 할 것이다. 활발한 신유사역을 통해 이 땅위에 하나님 나라를 효과적으로 건설해 나갈 수 있다. 그리스도의 제자로 부름 받은 모든 그리스도인은 성경적 신유사역의 비전을 성취해 나가는 하나님의 능력 있는 일꾼으로서의 주어진 사명을 충실히 감당해 나가야 할 것이다. 신유의 은사와 지식의 말씀의 은사를 활용하는 성공적인 신유사역을 통해 건강한 공동체가 건설되어 나아가며, 그리스도의 복음이 효과적으로 증거 되며, 하나님의 나라가 더욱 신속히 확장되어 나가게 될 것이다.

21세기에 현대 교회가 나아가야 할 영적 운동의 방향은 성령의 은사 운동, 즉 새로운 영적 갱신운동이 되어야 한다. 성령의 임재와 능력이 오늘날의 교회에 넘치도록 부어져야 한다. 오늘날의 교회는 성령의 은사를 통해 침체의 늪을 벗어날 수 있고, 세계 선교의 주역으로 쓰임 받을 수가 있다. 성령의 은사와 능력을 통해 교회에 새로운 영적 부흥이 일어나고, 복음전파가 확장되어야 한다. 은사에 대한 올바른 태도와 활용으로 개인과 교회에 덕을 세우고, 교회를 성장시켜 나가야 한다. 성령의 은사를 통해 선교의 사명을 잘 감당하고, 교회의 사명과 역할과 기능을 효과적으로 성취해 나가야 할 것이다. 지식의 말씀의 은사를 수반한 성공적 신유사역을 통해 놀라운 교회 성장을 이루어가며, 하나님의 기뻐하신 뜻을 온전히 이루어 나가기를 간절히 소원하는 바이다.

참고문헌

Arnold, Bittlinger. *Gifts and Graces*. 정인찬 역. 서울: 생명의 말씀사, 1988.

Barclay, W. *신약성서 헬라어 정해*. 전승호 외 역. 서울: 기독교문사, 1984.

Blue, Ken. *Authority to Heal*. 여주봉 역. 치유의 권세. Seoul: Paul, 1993.

Bridge, D. & Phyper, D. *교회의 영적 선물*. 문석호 역. 서울: 아가페 출판사, 1984.

Calvin, John. *New Testment Commentaries 1 Corinthians*. 죤 칼빈 성경주석 출판 위원회 역. 칼빈주석. 서울: 성서교재 간행사, 1995.

Clowney, Edmund P. *The Church*. 황영철 역. 교회. 서울: 한국 기독교 학생회 출판부, 1998.

Duffield & Van Cleave. *Foundation of Pentecostal Theology*. 임열수 역. 오순절신학기초. 서울: 성광문화사, 1992.

Ervin, Howard. *Conversion and Initiation and Spirit Baptism*. 김홍근 역. 군포: 한세대학교, 2000.

Ervin, Howard. DMN 716 Pneumatology, D. Min. *Class Lecture*. June 17~20, 2001. Tulsa, OK: ORU D. Min. Class.

Flynn, Leslie B. 기독교와 은사의 활용. 이창우 역. 서울: 기독교 문화협회, 1982.

Hans Küng, *Was ist Kirche?*, 이홍근 역, 교회란 무엇인가? 왜관: 분도출판사, 1997.

Gee, Donald. *Spiritual Gifts in the Work of the Ministry Today*. Springfield, MO: Gospel Publishing House, 1963.

Giffiths, Michael. 은사란 무엇인가? 이근수 역. 서울: 엠마오, 1978.

Gilbert bilezikian, *Community 101*, 두란노 출판부 역. 공동체 101. 서울: 두란노, 1998.

Gaffin Jr, Richard B. *Perspective on Pentecostal*. 권성수 역. 서울: 기독교 문서선교회, 1983.

Gerhard kittlel, *Theological Dictionary of the New Testament*, Grand Rapid: WRN.B. Eerdans Publing Company, 1964.

John L. Mikenzie, S.J. *Dictionary of the Bible*, Macmillan Publishing Co., 1979.

Liardon, Roberts. *God's Generals*. 박미가 역. 서울: 은혜 출판사, 2003.

Random House, Inc. *The Random House Dictionary of the English Language*. 정영목 역. 영한 대사전. 서울: 시사 영어사, 1998.

Roberts, Richard. *The Unlimited Power From Within You!* 임열수 역. 영적능력 서울: 예루살렘, 2002. Ronld E. Baxter, Gift of the Spirit. Grand Rapids: Kregel, 1983.

Sanders, O. J. 성령과 그의 은사. 권혁봉 역. 서울: 요단, 1980.

Smith, James H. 당신의 은사를 확인하고 개발하라. 김동원 역. 서울: 바울서신사, 1987.

Stedman, R. C. 그리스도의 몸. 홍성국 역. 서울: 생명의 말씀사, 1981.

Stott, John. R. W. *Baptism and Fullness the work of the Holy Spirit today.* 조병수 역. 서울: 한국기독교연구원, 1983.

Thomas, Robert. *Understanding Spiritual Gifts.* 김지찬 역. 성령의 은사들. 서울: 생명의 말씀사, 1993.

Underwoods, B.E. *The Gifts of the spirt.* 정동섭 역. 성령의 아홉 가지 은사 (고린도전서 12장 연구). 서울: 보이스사, 1992.

Vine, W. E. ed. "GIFT, GIVING," *Vine's Expository Dictionary of Biblical Words in New Testament.* Nashville: Thomas Nelson, 1985.

Wagner, C. Peter. *Your spiritual gifts can help your Church Grow.* 권달천 역. 성령의 은사와 교회 성장. 서울: 생명의 말씀사 1996.

William, McRac. 교회에서의 은사 활용. 김의장 역. 서울: 엠마오, 1985.

Wimber, John. *Power Evangelism.* 이재범 역. 능력 전도. 서울: 도서출판 나단, 1988.

Wimber, John와 Springer, Kevin. 능력 치유. 이재범 역. 서울: 나단, 1991.

고영민 편저. *헬라어 사전.* 서울: 기독교문사, 1973.

김지철. *성령과 교회.* 서울: 장로회 신학대학 출판부, 1998.

명성훈. "신유와 교회 성장," *목회와 신학.* 서울: 1993년, 4월.

문상희. "기적의 의미", *기독교 사상.* 서울: May 1964.

박정렬. *성령신학.* 서울: 포도원, 1988.

박창환. *성서헬라어사전.* 서울: 대한기독교서회, 1965.

성백송. *큰 은사를 사모하라.* 안양: 도서출판 잠언, 1966.

성서백과 대사전 편찬 위원회. *성서백과 대사전.* 서울: 성서교재 간행사, 1984.

양인천. 영성신학원론. 서울: 은혜사, 1988.

오성춘. 성령과 목회. 서울: 장로회신학대학교, 1987.

오성춘. "성경의 인물들은 은사가 충만한 사람들이었다.", 빛과 소금, 하용조 편. 서울: 두란노, 1996.

조용기. 성령론. 서울: 영산출판사, 1981.

찰스 헌터와 프란시스 헌터. 신유 핸드북. 서울: 나단 출판사, 1991.

최용호. 성령의 30가지 은사를 아십니까? 서울: 쿰란, 2001.

미주

1) 양인천, 「영성신학원론」 (서울: 은혜사, 1988), 144.

2) 이재범, 「구약이 말하고 있는 성령」 (서울: 임마누엘, 1988), 34.

3) 오성춘, "성경의 인물들은 은사가 충만한 사람들이었다.", 빛과 소금, 하용조 편 (서울: 두란노, 1996), 52~53.

4) 오성춘, 53.

5) Peter Wagner, 성령의 은사와 교회 성장, 권달현 역 (서울: 생명의 말씀사), 41~42.

6) Geoffrey W. Bromiley, *Theological Dictionary of the New testament* (Grand Rapids, Wm. B. Eerdmans Publishing Co., 1972), 840.

7) W. Barclay, 신약성서 헬라어 정해, 전승호 외역 (서울: 기독교문사, 1984), 64.

8) John Calvin, *New Testament Commentaries 1 Corinthians*, 존

칼빈 성경주석 출판 위원회 칼빈주석 역, 칼빈주석 (서울: 성서교재간행사, 1995), 354.

9) W. E. Vine, ed., "GIFT, GIVING," *Vine's Expository Dictionary of Biblical Words, New Testament* (Nashvill: Thomas Nelson, 1985), 264.

10) 최용호, *성령의 30가지 은사를 아십니까?* (서울: 쿰란, 2001), 24.

11) 롬 1:11; 5:15~16; 6:23; 11:29; 12:6; 고전 1:7; 7:7; 12:4, 9, 28, 30, 31; 고후 1:11; 딤전 4:14; 딤후 1:6.

12) Michael Giffiths, *은사란 무엇인가?*, 이근수 역 (서울: 엠마오, 1978), 15.

13) Leslie B. Flynn, *기독교와 은사의 활용*, 이창우 역 (서울: 기독교문화협회, 1982), 31.

14) Random House, Inc. *The Random House Dictionary of the English Language*, 정영목 역, 영한 대사전 (서울: 시사 영어사, 1998), 387.

15) John. R. W. Stott, *Baptism and Fullness the work of the Holy Spirit today*, 조병수 역 (서울: 한국기독교연구원, 1983), 128~129.

16) Robert L. Thomas, Understanding *Spirits Gifts*, 김지찬 역 (서울: 생명의 말씀사, 1997), 18.

17) Wagner, 42.

18) Wagner, 42.

19) 고전 12:28; 행 2:22; 엡 4:7~8; 마 12:28.

20) Howard Ervin, DMN 716 Pneumatology, D. Min. *Class Lecture*, June 17~20, 2001. Tulsa, OK, ORU D. Min. Class.

21) 오성춘, *성령과 목회* (서울: 장로회신학대학교, 1987), 59.

22) O. J. Sanders, *성령과 그의 은사*, 권혁봉 역 (서울: 요단, 1980), 165.

23) Richard B. Gaffin Jr. *Perspective on Pentecostal*. 권성수 역 (서울: 기독교 문서 선교회, 1983), 127.

24) McRac. William. *교회에서의 은사 활용*. 김의장 역 (서울: 엠마오, 1985), 44.

25) 조용기. 성령론 (서울: 영산출판사, 1981), 192~193.

26) Wagner, 61~70.

27) R. C. Stedman. *그리스도의 몸*. 홍성국 역 (서울: 생명의 말씀사, 1981), 31.

28) Wagner, 281.

29) Flynn, 73.

30) James H. Smith. *당신의 은사를 확인하고 개발하라*. 김동원 역 (서울: 바울서신사, 1987), 59.

31) James H. Smith, 59.

32) Arnold Bittlinger. *Gifts and Graces*. 정인찬 역 (서울: 생명의 말씀사, 1988), 137~151.

33) Arnold Bittlinger. *Gifts and Graces*. 정인찬 역 (서울: 생명의 말씀사, 1988), 153.

34) 김득중 편저. *29개 번역 신약성서* (서울: 기독교 문화사, 1982), 1275.

35) Flynn, 169.

36) Wagner, 174.

37) Duffield & Van Cleave. *Foundation of Pentecostal Theology*. 임열수 역, 오순절신학기초 (서울: 성광문화사, 1992), 577.

38) Duffield & Van Cleave, 577.

39) B. E. Underwoods, *The Gifts of the Spirit*. 정용섭 역, 성령의 아홉가지 은사 (서울: 보이스사, 1992), 47.

40) B. E. Underwoods, 49.

41) Wagner, 236.

42) Duffield & Van Cleave, 578~579.

43) Donald Gee, *Spiritual Gifts in the Work of the Ministry Today* (Springfield, MO: Gospel Publishing House, 1963), 65.

44) Donald Gee, 170.

45) Donald Gee, 170.

46) Flynn, 226.

47) Flynn, 226~227.

48) 박창환, 성서헬라어사전 (서울: 대한기독교서회, 1965), 107.

49) Duffield & Van Cleave, 581.

50) Duffield & Van Cleave, 586.

51) 피터 와그너, 254.

52) 아놀드 비틀링거, 50~51.

53) Duffield & Van Cleave, 588~589.

54) 박정렬, 성령신학 (서울: 포도원, 1988), 135.

55) Wagner, 225.

56) Flynn, 54.

57) Duffield & Van Cleave, 612.

58) John L. Mckenzie, S.J., *Dictionary of the Bible*, (Macmillan Publishing Co., 1979), 698.

59) Duffield & Van Cleave, 612.

60) Wagner, 154.

61) Wagner, 152.

62) 고영민 편저, 헬라어 사전 (서울: 기독교문사, 1973), 342.

63) Duffield & Van Cleave, 590~591.

64) 성서백과 대사전 편찬 위원회, 성서백과 대사전 (서울: 성서교재 간행사, 1984), 832.

65) 성백송, 큰 은사를 사모하라 (안양: 도서출판 잠언, 1966), 23.

66) 김지철, 성령과 교회 (서울: 장로회 신학대학 출판부, 1998), 93.

67) D. Bridge & D. Phyper, 교회의 영적 선물, 문석호 역 (서울: 아가페 출판사, 1984), 183~190.

68) 피터 와그너, 40.

69) 피터 와그너, 48.

70) Ronald E. Baxter, *Gifts of the Spirit* (Grand Rapids: Kregel, 1983), 27.

71) Underwoods, 47.

72) Wagner, 236.

73) 문상희, "기적의 의미", 기독교 사상 (May 1964), 6.

74) 김철손, "공관복음서에 나타난 이적과 신앙", 기독교사상 (January 1961), 20~21.

75) Ken Blue, *Authority to Heal*, 여주봉 역, 치유의 권세 (Seoul: Paul, 1993), 17~18.

76) 박형렬, 통전적 치유목회학 (서울: 치유, 1994), 26.

77) 명성훈, "신유와 교회 성장," 목회와 신학 (1993년, 4월), 107.

78) 찰스 헌터, 프란시스 헌터, 신유 핸드북 (서울: 나단 출판사, 1991), 41.

79) 찰스 헌터, 프란시스 헌터, 신유 핸드북 (서울: 나단 출판사, 1991), 41.

80) Roberts Liardon, *God's Generals*, 박미가 역 (서울: 은혜 출판사,

2003), 159.

81) 베니 힌, *성령의 기름 부으심*, 안준호 역 (파주: 열린책들, 2009), 138.

82) Roberts Liardon, *God's Generals*, 박미가 역 (서울: 은혜 출판사, 2003), 87.

83) Roberts Liardon, *God's Generals*, 박미가 역 (서울: 은혜 출판사, 2003), 572.

84) Roberts Liardon, *God's Generals*, 박미가 역 (서울: 은혜 출판사, 2003), 582.

85) 베니 힌, *성령의 기름 부으심*, 안준호 역 (파주: 열린책들, 2009), 135~40.

86) 베니 힌, *성령의 기름 부으심*, 안준호 역 (파주: 열린책들, 2009), 163~65.

87) Christian Today, 바나 리서치그룹 은사관 여론조사, (Sat, Feb, 2001), 제 125호, 1면.

88) J. R. W. Stott, *The Work of the Holy Spirit Today*, 조병수 역, 오늘날의 성령의 사역 (서울: 한국 기독교 교육 연구원, 1983), 3.

89) 조용기, 74.

90) C. Peter Wagner, 제 3의 바람 , 109.

91) 명성훈, "신유와 교회 성장," 목회와 신학 (1993년, 4월), 107.

92) John Wimber, *Power Evangelism*, 이재범 역, 능력 전도 (서울: 나단, 1988), 35.

93) John Wimber와 Kevin Springer, 능력 치유, 이재범 역 (서울: 도서출판 나단, 1991), 13

94) 챨스 헌터, 프란시스 헌터, 신유 핸드북 (서울: 나단 출판사, 1991), 41.

95) 챨스 헌터, 프란시스 헌터, 신유 핸드북 (서울: 나단 출판사, 1991), 40.